W0200714

Bretagne sud

ExpressMap

Quelques mots sur l'histoire

Riche de ses diversités et de son histoire plusieurs fois millénaire, la Bretagne a souvent été l'objet d'enjeux stratégiques et d'invasions, tout en conservant une forte identité.

De l'Antiquité aux invasions

Entre 5000 et 2000 av. J.-C, la Bretagne est occupée par un peuple constitué de communautés d'agriculteurs-éleveurs puissantes et organisées. Ils orchestrent des cérémonies pour les défunts et ont une religion, comme en témoignent les mégalithes. Les premières tentatives d'invasion de la Bretagne par les Romains ont lieu aux alentours des années 60 av. J.-C. En 56 av. J.-C, Jules César détruit la flotte des Vénètes : le pays reste sous domination romaine pendant près de quatre siècles.

À partir de 430, les Bretons de Grande-Bretagne, pourchassés par les Saxons, traversent la Manche et s'établissent sur les côtes bretonnes du continent et chassent à leur tour les Romains qui occupaient l'Armorique. Les Celtes entreprennent l'évangélisation des armoricains autochtones.

Entre VIIIe et Xe s., le royaume de Bretagne connaitra une succession de conflits, marqués par les raids des Francs et des Normands. En 919, les Vikings s'emparent de la Bretagne et installent leur capitale à Nantes. Arrivé d'Angleterre vers 931, Alain Barbe-Torte, alors comte de Poher, met fin aux invasions des Vikings dans les années 930.

Constitution du duché de Bretagne et union à la France

En 1297, Philippe Le Bel reconnait la fidélité des Bretons aux Capétiens en établissant officiellement le titre de duc de Bretagne. De 1341 à 1364, la guerre de Succession de Bretagne, surnommée « guerre des deux Jeanne » voit s'opposer le duc Jean de Montfort (dont la femme est Jeanne de Flandre) et la comtesse Jeanne de Penthièvre. Celle-ci prendra fin avec l'accession au trône d'un Montfort, le duc Jean IV.

En 1491, la duchesse Anne de Bretagne (1477–1514) devient reine de France en épousant Charles VIII, mais conserve son ancien titre. En 1532 est signé

l'édit de Nantes, un traité qui unit officiellement la Bretagne au royaume français.

De l'âge d'or à la Révolution

Entre le XVIe et le XVIIe s., la Bretagne connait une période de grande prospérité économique, avec le commerce maritime basé sur les exportations de céréales et les toiles de lin et de chanvre. Les négociants enrichis par ce commerce feront construire de splendides hôtels particuliers. Cette industrie rurale prospère permettra également l'apogée de l'art religieux et populaire avec la construction de nombreuses églises, chapelles et calvaires dans les campagnes.

Bretagne contemporaine

Après la Révolution, l'abolition du monopole de la Compagnie des Indes, l'abolition de l'esclavage pendant la période révolutionnaire et l'effondrement de certaines activités traditionnelles comme les forges, font perdre à la région son autonomie et sa prospérité économique. Toutefois, d'autres secteurs émergent : la pêche et la conserverie.

L'arrivée du chemin de fer à la fin du XIXe s. donne une nouvelle impulsion à la Bretagne, avec le développement du tourisme balnéaire.

Après la Seconde Guerre mondiale, qui détruisit presque entièrement des villes comme Brest, Saint-Malo et Lorient, la Bretagne entame sa reconstruction. En s'appuyant sur des fonds publics, elle met en place des structures de façon à moderniser l'économie et assurer le renouveau culturel de la région. Dans les années 1960, on n'hésite pas à parler de « miracle économique breton ».

La Bretagne ne s'est jamais détachée de sa culture et de son identité, qui s'expriment aussi bien par la valorisation des produits artisanaux et du terroir, qu'au travers de nombreux manifestations et festivals.

Une identité régionale unique

La Bretagne ne s'est jamais détachée de sa culture et valorise d'une manière exceptionnelle son immense patrimoine.

Que ce soit durant un fest-noz, un pèlerinage, un festival de musique contemporaine ou à travers le costume traditionnel, les Bretons manifestent ouvertement leur rattachement à la région. Quels en sont les symboles ?

Drapeau de la Bretagne

Le « Gwenn ha Du » (Blanc e Neirr en gallo), se compose de neuf bandes blanches et noires horizontales (symbolisant les anciens évêchés bretons) et de motifs d'hermine – habituellement au nombre de onze – disposés dans un cadre en haut à gauche, qui rappellent le blason des ducs de Bretagne.

Triskell

On donne plusieurs interprétations à ce symbole celte, la plus courante étant la représentation des trois éléments : la terre, le feu et l'eau, ou celle des « trois mondes » : des vivants, des morts et des esprits. Pour certains il symbolise les trois âges de la vie.

Hermine

Elle apparaît sur les armes des ducs de Bretagne au XIIIe s. On dit qu'une hermine blanche que Jean III aurait vue en forêt lui aurait inspiré ce choix. Devant traverser une mare boueuse pour échapper aux chasseurs, celle-ci préféra se faire tuer plutôt que de salir son blanc pelage. C'est également de là que viendrait la devise de la Bretagne : plutôt la mort que la souillure.

Langues

On trouve deux langues : le breton d'origine celte en Basse-Bretagne, et le gallo d'origine romane en Haute-Bretagne. Le gallo a retrouvé ses lettres de noblesse : durant le festival La Bogue d'Or à Redon, on organise un concours de contes, dont certains sont racontés en gallo.

Pardons et pèlerinages

Durant les pardons les fidèles marchent en procession vers la tombe d'un saint, pour demander le pardon de leurs fautes. Les plus spectaculaires sont la grande Troménie de Locronan et le pardon de Saint-Anne d'Auray, appelé « Grand Pardon ». Le Tro Breiz est un pèlerinage qui permettait aux fidèles de se recueillir sur les reliques des sept saints fondateurs de la Bretagne.

Coiffes et costumes

Le plus connu est le costume bigouden, avec la coiffe blanche (33-40 cm de haut) en dentelle, finement brodée sur une mousseline de tulle et enrichie de rubans ou lacets. Les femmes portaient aussi un plastron à manches longues richement coloré, ainsi qu'une jupe brodée. Le costume bigouden masculin se composait d'un chapeau rond noir, d'une chemise en lin et d'un plastron sans manches.

Fest-noz

Les fest-noz (« fête de nuit ») réunissent le chant, la pratique instrumentale (bombarde, biniou) et les danses de groupe. Ils ont été créés dans le but de retrouver le climat des fêtes paysannes d'autrefois. Très populaires grâce au renouveau de la musique bretonne et celtique, les fest-noz ont été classés par l'UNESCO comme patrimoine culturel immatériel breton en 2012.

Un pays mystique

Les paysages grandioses, la force des éléments marins et la présence des mystérieux mégalithes ont sans doute contribué à développer l'imaginaire et à nourrir les croyances locales.

Les mégalithes – des pierres levées – ont été la source d'innombrables légendes et récits populaires. On compte en Bretagne environ 6 000 menhirs et plus de 1 000 dolmens, sans compter les tumulus, les cairns et les allées couvertes ! La plupart remontent au néolithique, soit entre 5000 et 3000 ans av. J.-C. En Bretagne, cet art atteint son apogée à Carnac où les mégalithes sont plus de 3 000 à se dresser dans les champs, mais aussi à Saint-Just, dans la lande de Cojoux. Disséminées dans la campagne, les allées couvertes se retrouvent sur tout le terri-

toire. Probablement destinés au culte des morts, les mégalithes n'ont jamais pu livrer tous leurs mystères. Des ouvrages aussi imposants que la Roche aux Fées à Essé ou le cairn de Gavrinis remettent en question l'idée que l'on se fait des gens de l'époque, en s'imaginant des clans de guerriers isolés. En effet, certaines pierres pesant plusieurs tonnes, de nombreuses personnes devaient s'unir pour les faire rouler sur des rondins, parfois sur plus de 10 km, ce qui représentait un travail colossal au vu des outils de l'époque.

Bretagne dans l'assiette

La tradition culinaire puise avec fierté dans le passé, car la terre et la mer ont toujours fourni quantité de produits frais de qualité, qui permettent une cuisine nourrissante et variée.

Aux produits de la terre et de la mer sont souvent associées de nombreuses épices et saveurs (safran, fruits séchés, vins doux, rhum, vanille), que rapportaient autrefois les marins de leurs voyages.

Crêpes, pâtisseries et gâteaux

Les crêpes bretonnes sont célèbres dans le monde entier. On en trouve deux sortes : les unes de blé noir (en Haute-Bretagne on les appelle « galettes ») que l'on déguste salées, et les autres de froment, plus ou moins fines selon les régions et garnies de sucre, de confiture ou uniquement de beurre. Les crêpes sont cuites sur le « pillig », une plaque de cuisson circulaire en fonte. Le far est

également un incontournable de la cuisine bretonne. Sa recette comporte des œufs, du beurre, du sucre, de la farine et du lait. Une variante consiste à y ajouter des pruneaux, de la vanille et parfois du rhum. Une autre pâtisserie célèbre, le kouign-amann (littéralement « gâteau au beurre »), originaire de Douarnenez, est fait de pâte à pain recouverte d'un mélange beurre-sucre.

Cotriade

La cotriade est une sorte de bouillabaisse bretonne originaire du Finistère sud, dans laquelle on trouve plusieurs sortes de poissons (maquereau, lotte, daurade). Ce plat est servi avec des pommes de terre cuites à l'eau ou dans le bouillon et s'accompagne de tranches de pain beurré.

Coquillages et fruits de mer

Les coquillages et les fruits de mer sont également un régal pour les papilles. Un authentique plateau de fruits de mer frais breton comporte trois variétés de crustacés et trois variétés de coquillages. Ainsi, en Bretagne sud, on peut trouver sur le plateau des huîtres plates de Riec-sur-Bélon, des moules du golfe du Morbihan, des crevettes roses du Croisic ou des langoustines, sans oublier bien sûr le crabe et le fameux homard que l'on déguste grillé ou à l'armoricaine.

Boissons

Là où il y a des pommes, il y a du cidre ! Les plus réputés sont les cidres traditionnels et fermiers : celui de Cornouaille bénéficie d'une AOP.

Contes et légendes

La tradition des contes et légendes est ancienne en Bretagne. Fées, gardiens de fontaines, elfes, korrigans… Les Bretons ont une réelle inclination à raconter des histoires.

Les paysages grandioses, la force des éléments marins et la présence des mystérieux mégalithes ont sans doute contribué à développer l'imaginaire et à nourrir les croyances locales.

Ankou

C'est le personnage qui incarne la mort. On le décrit souvent sous la forme d'un squelette armé d'une faux, qui circule la nuit sur son char grinçant et embarque les âmes des défunts. Dans les régions du littoral, le char est remplacé par le « Bag Nez », bateau de nuit. Selon certaines légendes, l'Ankou emmènerait les morts dans le marais du Yeun Elez, qui, lorsqu'il est recouvert d'une brume épaisse, ressemble aux « portes de l'Enfer ».

Korrigans

Les korrigans sont des petits lutins qui vivraient dans la nature et amasseraient des trésors dans les grottes et sous les pierres. Bienveillants ou malveillants selon les cas, les korrigans peuvent faire preuve d'une grande générosité et distribuer leur trésor aux humains dans leurs jours de bonté. Lorsqu'ils sont méprisés, ils sont capables de terribles vengeances.

Légendes de la Table Ronde

La Bretagne est également célèbre pour abriter les lieux mythiques des légendes arthuriennes dans la forêt de Brocéliande. Les légendes de la Table Ronde constituaient dans la littérature du Moyen Âge la « matière de Bretagne ». Ces récits s'articulent autour des romans d'Arthur, de Perceval et du Graal, de Merlin et de Lancelot.

Les incontournables

La Bretagne, une région aux mille facettes, offre un éventail de loisirs, d'activités et d'attractions pour tous. Voici les « must » d'un séjour réussi.

★ Nantes ➲ 18

En croquant un biscuit LU, faites un tour sur le dos d'un éléphant mécanique.

★ Clisson ➲ 27

Laissez-vous séduire par l'architecture de cette ville « toscane » sur le sol breton.

★ Marais salants ➲ 37

Depuis la vasière jusqu'à l'œillet : découvrez les secrets du « Pays Blanc ».

★ Parc naturel régional de Brière ➲ 39

Régalez-vous une nuitée dans une chaumière briéronne traditionnelle.

★ Forêt de Paimpont ➲ 44

Laissez-vous guider par Merlin et Viviane, les gardiens toujours présents de la forêt.

★ Josselin ➲ 46

Respirez le parfum du Moyen Âge dans un remarquable château millénaire.

★ Vannes ➲ 54

Flânez le long d'impressionants remparts médievaux.

★ Carnac ➲ 57

Rencontrez le passé en visitant l'une des plus extraordinaires concentrations de mégalithes dans le monde.

★ Belle-Île ➲ 60

Baignez-vous dans les eaux turquoise de la plus grande île bretonne.

★ Pont-Aven ➲ 70

Succombez aux lumières et couleurs qui ont inspiré les peintres du xxe s.

★ Port-Louis ➲ 75

Sentez-vous en sécurité à l'abri des remparts de cette ville fortifiée.

★ Quimper ➲ 80

Goûtez au kouign amann dans la capitale historique de Cornouaille.

★ Locronan ➲ 83

Baladez-vous dans les charmants recoins de cette « Petite Cité de Caractère ».

★ Pointe du Raz ➲ 86

Admirez les vagues s'écrasant contre les rochers et le phare de la Vieille.

★ Kernascléden ➲ 98

Craignez la mort en admirant les superbes fresques de la Danse macabre.

★ Rennes ➲ 102

Vivez cette ville à la fois historique, universitaire, technologique et culturelle.

Nantes et son pays intérieur

Nantes, ville maritime au milieu des terres, reste rattachée aux Pays de la Loire, affichant bon gré mal gré sa double appartenance.

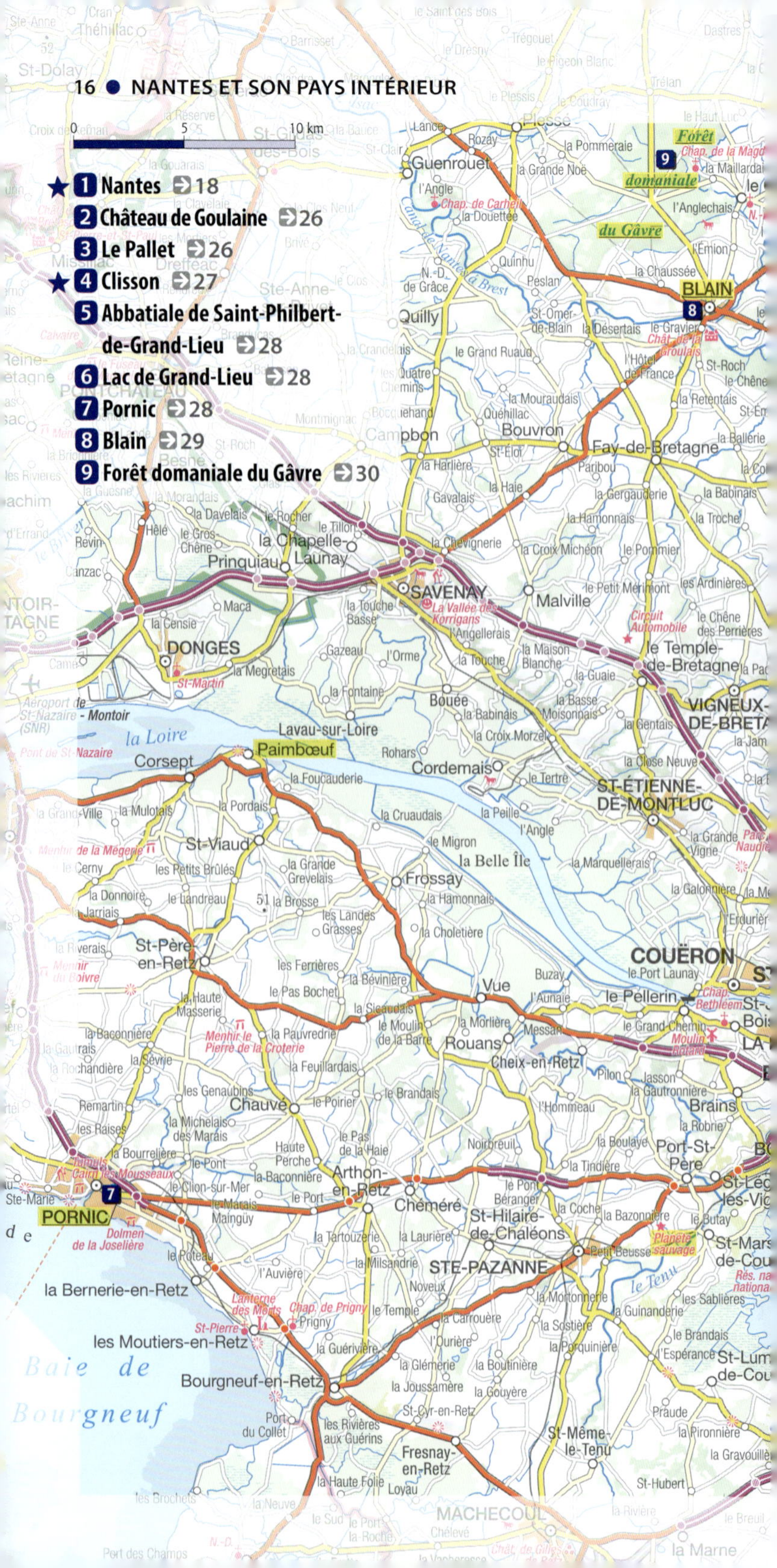
0 5 10 km
★ 1 Nantes ➔ 18
2 Château de Goulaine ➔ 26
3 Le Pallet ➔ 26
★ 4 Clisson ➔ 27
5 Abbatiale de Saint-Philbert-de-Grand-Lieu ➔ 28
6 Lac de Grand-Lieu ➔ 28
7 Pornic ➔ 28
8 Blain ➔ 29
9 Forêt domaniale du Gâvre ➔ 30
Forêt domaniale du Gâvre
BLAIN
Guenrouet
Plessé
Quilly
Campbon
Bouvron
Fay-de-Bretagne
SAVENAY
Malville
Prinquiau
la Chapelle-Launay
DONGES
Le Temple-de-Bretagne
VIGNEUX-DE-BRETAGNE
Lavau-sur-Loire
la Loire
Paimbœuf
Corsept
Cordemais
ST-ÉTIENNE-DE-MONTLUC
St-Viaud
Frossay
la Belle Île
COUËRON
le Pellerin
St-Père-en-Retz
Vue
Rouans
Cheix-en-Retz
Chauvé
Brains
Arthon-en-Retz
Chéméré
St-Hilaire-de-Chaléons
Port-St-Père
PORNIC
la Bernerie-en-Retz
les Moutiers-en-Retz
STE-PAZANNE
Baie de Bourgneuf
Bourgneuf-en-Retz
Fresnay-en-Retz
St-Même-le-Tenu
MACHECOUL
Aéroport de St-Nazaire - Montoir (SNR)
Pont de St-Nazaire

la Manche
Jersey (R.-U.)
Normandie
Caen
Brest
Morlaix
St-Brieuc
St-Malo
Bretagne
Quimper
Rennes
Laval
Pont-l'Abbé
Lorient
Vannes
Angers
OCÉAN ATLANTIQUE
Saint-Nazaire
Nantes
Loire
Anjou
Cholet
la Roche-sur-Yon
Beaulieu
la Grigonnais
Bel-Air
la Rinais
Puceul
les Buffets
la Bretonnière
le Landreau
Saffré
la Hervotière
l'Étang
le Mondoucet
la Chevallerais
le Sauzay
la Jossaie
Grand-Lande
Glasnet
la Provostière
la Félicière
NORT-SUR-ERDRE
la Houssaie
la Durandais
les Touches
les Mazures
le Fayau
la Domptière
le Boulay
la Denais
HÉRIC
la Verdinière
la Bellerie
l'Île
Beau Soleil
le Chambosse
la Poupinière
Préfouré
Ligné
la Mostière
Petit-Mars
Ste-Anne
le Bénéfice
N.-D.-des-Landes
Casson
Chât. de Plessis
Vallée de l'Erdre
le Mournas
la Théardière
Grandchamps-des-Fontaines
le Lavoir
le Grand Pâtis
l'Épine
la Noé Verte
Procé
la Briantère
Curette
Bouchais
SUCÉ-SUR-ERDRE
l'Onglette
St-Mars-du-Désert
la Boissière
la Noë
TREILLIÈRES
la Brosse
Longrais
la Maladrie
la Robinière
Folies Siffait
Oudon
la Gréhandière
la Poste de Gesvres
Mouline
le Clos
la Gouachère
la Giquelière
Vandel
la Primaudière
Garambeau
LA CHAPELLE-SUR-ERDRE
Roualland
les Thébaumeres
le Cellier
la Gaudinière
la Ménardais
la Noë Violin
Chât. de la Gacherie
CARQUEFOU
Chât. de la Seilleraye
Mauves-sur-Loire
la Varenne
la Gergaudière
le Breil
le Chemin Nantais
St-Simon
l'Auberdière
ORVAULT
la Vrière
LA CHAPELLE-BASSE-MER
SAUTRON
THOUARÉ-SUR-LOIRE
la Loire
la Chebuette
ST-JULIEN-DE-CONCELLES
→20
STE-LUCE-SUR-LOIRE
Chap. St-Barthélemy
NANTES
Cahérault
la Landelle
St-Jean-Baptiste
Moye
1
Chât. des ducs de Bretagne
BASSE-GOULAINE
Marais de Goulaine
LE LOROUX-BOTTEREAU
-HERBLAIN
Embreil
Chât. de Goulaine
la Poivetière
les Machines de l'île
Indre
2
la Verdonnière
le Landreau
MONTAGNE
ST-SÉBASTIEN-SUR-LOIRE
Bas Briancé
HAUTE-GOULAINE
REZÉ
la Ville au Blanc
Tourne Bride
les Raillères
le Labyrinthe
la Bernardière
la Chapelle-Heulin
l'Espérance
le Chêne
VERTOU
la Gorgillère
Bonne Fontaine
la Haie-Fouassière
le Champ Sîome
la Bourchinière
Aéroport de Nantes Atlantique (NTE)
la Lézinière
LES SORINIÈRES
Portillon
la Cognardière
St-Fiacre-sur-Maine
la Févrie
la Bauche Tue-Loup
les Pégers
le Maupas
Ste-Radegonde
3
le Pallet
St-Aignan-Grandlieu
Viais
Château-Thébaud
la Haie-Trois-sous
Monnières
l'Aiguillette
PONT-ST-MARTIN
Landiard
le Pâtis
la Poterie
la Minière
Angreviers
Observatoire
Passay
Thubert
le Bignon
les Forges
Lac de Grand-Lieu
la Thuillière
Guenégaud
le Butay
la Chaussée
Maisdon-sur-Sèvre
la Brie
Gorges
6
la Chevrolière
la Chasse
Aigrefeuille-sur-Maine
St-Lumine-de-Clisson
4
CLISSON
le Grand Panveau
la Vrignais
Chât.
le Breil
les Buzinières
Marbœuf
le Frêne
la Palaire
Chap. des Templiers
le Cerny
le Clavéleau
la Vrignais
St-Hilaire-de-Clisson
Geneston
Montbert
Remouillé
Cugand
5
Rimans
la Dauve
Abbatiale
ST-PHILBERT-DE-GRAND-LIEU
le Petit Lieu
la Noisetterie
la Bauche
la Pouitière
la Grande Mornière
la Bernardière
la Basse Sauvagère
la Marche
Neufo
la Grande
St-Colomban
la Planche
St-Hilaire-de-Loulay
St-Philbert-de-Bouaine
la Limouzinière

Le canal de Nantes à Brest, long de 364 km, et le quai des Antilles avec ses Anneaux de Buren sont des endroits agréables pour une paisible promenade.

1 Nantes ★

Capitale historique des ducs de Bretagne, Nantes est une ville maritime au milieu des terres.

Ancienne capitale des Namnètes, un peuple gaulois qui vivait au nord de la Loire, Nantes devient à l'époque de Charlemagne la clé de voûte des Marches de Bretagne. Lors de la guerre de succession (1341–1364), les prétendants au duché de Bretagne se disputent l'héritage et ce sont finalement les Montfort qui sortent victorieux du conflit et font de la ville une véritable capitale ducale.

Dès le XVe s., la localité se développe grâce au commerce maritime et fluvial. En 1532, l'édit de Nantes signe l'union de la Bretagne à la France et le port devient de plus en plus prospère grâce aux exportations et importations de sel, de bois, de vin et de morue.

Du XVIe au XVIIIe s., Nantes fait fortune avec la traite des Noirs et le commerce triangulaire. Les esclaves sont expédiés et revendus en Amérique et servent de monnaie d'échange contre de nombreuses marchandises. Enrichissant notablement les armateurs nantais, ce commerce est à l'origine de bâtiments prestigieux. Nantes sera la dernière place forte de la traite négrière, celle-ci n'y prenant fin qu'en 1831.

La révolution industrielle au XIXe s. change considérablement le visage de la ville : la reconversion s'opère à travers les conserveries et les biscuiteries. Toujours au XIXe s., la situation maritime de Nantes favorise l'introduction de plantes exotiques comme les magnolias et les camélias. De nos jours, la ville compte pas moins de 100 espaces verts. Pour cette raison Nantes fut élue Capitale verte de l'Europe par la Commission Européenne en 2013.

La fermeture des chantiers navals dans les années 1980 et la fin des industries bouleversent de nouveau Nantes qui se redirige alors vers le tertiaire. Aujourd'hui, la ville connaît l'une des plus fortes croissances démographiques de France.

Il fait bon se reposer à l'ombre du château des ducs de Bretagne. Cette imposante forteresse médiévale est munie de tours reliées par des courtines et un chemin de ronde.

Les Celtomania sont un festival qui met en valeur la culture bretonne à travers des fest-noz, des expositions et des concerts et se déroule dans 15 villes de Loire Atlantique, y compris Nantes, entre le dernier week-end de septembre et mi-novembre (www.celtomania.fr).

Le canal de Nantes à Brest, inauguré en 1858 par Napoléon III, relie les deux villes et 8 cours d'eau sont utilisés pour l'alimenter : l'Erdre, l'Isac, l'Ouest, le Blavet, le Doré, l'Hyères et l'Aulne. L'idée d'un canal qui permettrait de désenclaver le centre de la Bretagne et d'ouvrir de nouvelles voies de navigation remonte déjà au XVIe s., moment de l'union de la Bretagne à la France. C'est sous Napoléon Ier que la décision de grands travaux voit le jour : ils commencent à Nantes, en 1813. Ce sont des paysans, des prisonniers espagnols et des bagnards qui creuseront les tranchées du canal, souvent dans des conditions très rudes. D'une longueur totale de 364 km, il est jalonné de 238 écluses, dont 18 englouties par le barrage de Guerlédan, une importante source d'électricité. L'écluse n°1 de Saint-Félix à Nantes marque le début du canal entre la Loire et l'Erdre.

Château des ducs de Bretagne 1a

Il était l'ancienne demeure de François II et d'Anne de Bretagne au XVe s. À partir du XVIe s., il devient la résidence bretonne des rois de France. De l'extérieur, le château se présente comme une imposante forteresse médiévale munie de sept tours reliées les unes aux autres par des courtines et un chemin de ronde. La porte d'entrée principale, située entre les tours du Pied-de-Biche et de la Boulangerie, est protégée par des ponts-levis à bascule. Côté cour, il abrite un ensemble de bâtiments résidentiels (le Grand Logis ainsi qu'un élégant palais ducal et d'autres bâtiments Renaissance) construits en pierre de tuffeau. La blancheur des façades intérieures

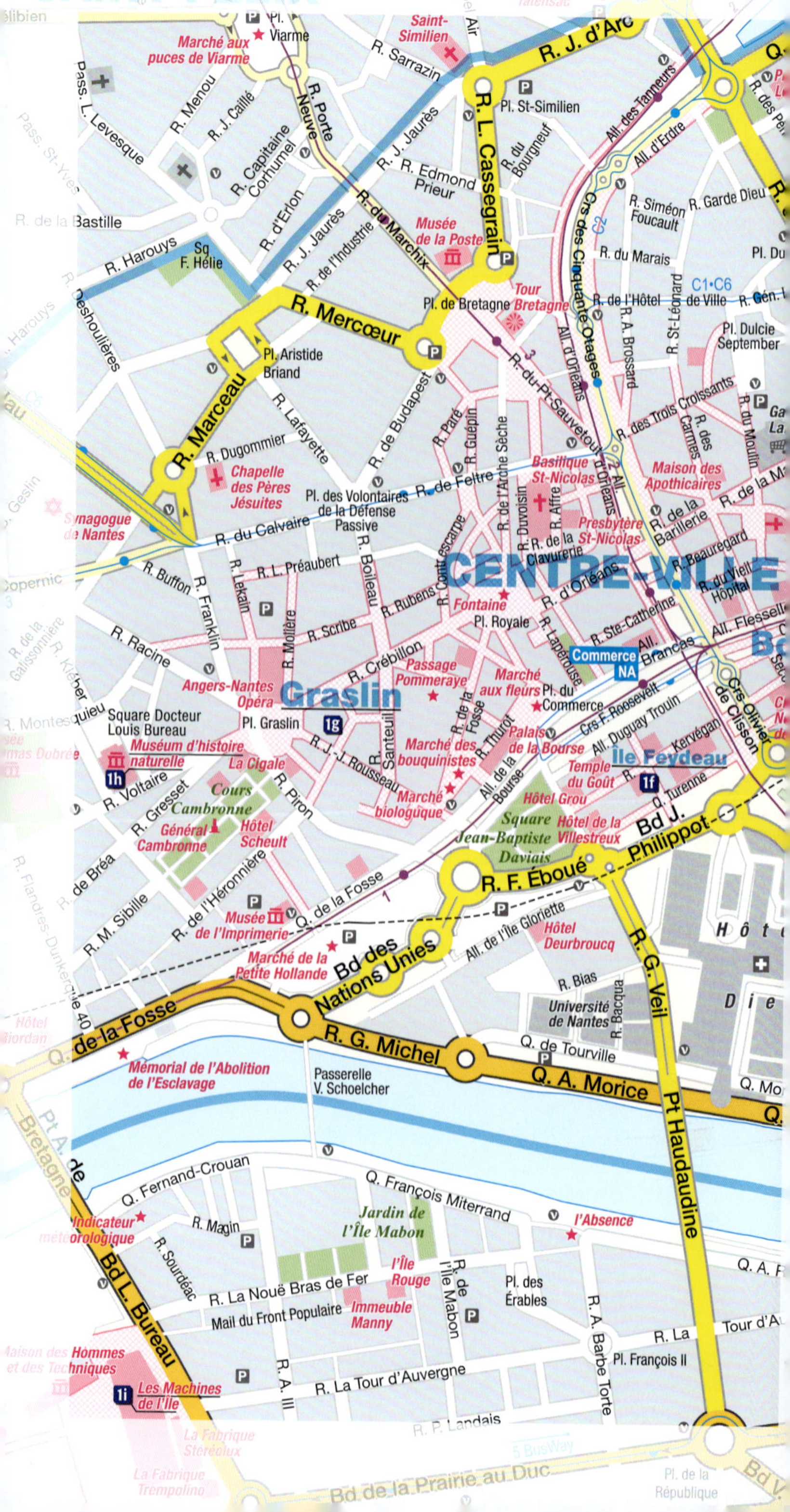
Marché aux puces de Viarme
Pl. Viarme
Saint-Similien
R. Sarrazin
R. J. d'Arc
Pl. St-Similien
R. L. Cassegrain
R. Porte Neuve
R. Menou
R. J. Caillé
R. Capitaine Corhumel
Pass. L. Levesque
R. J. Jaurès
R. Edmond Prieur
R. du Bourgneuf
All. des Tanneurs
All. d'Erdre
R. Simon Foucault
R. Garde Dieu
Crs des Cinquante Otages
R. du Marais
R. du Marchix
R. de l'Industrie
R. d'Erlon
Musée de la Poste
R. Harouys
Sq F. Hélie
Pl. de Bretagne
Tour Bretagne
R. de l'Hôtel de Ville
R. Mercœur
C1•C6
R. A. Brossard
R. St-Léonard
Pl. Dulcie September
Pl. Aristide Briand
R. Deshoulières
R. Marceau
R. de Budapest
R. du Pt-Sauvetout
All. d'Orléans
R. des Trois Croissants
R. des Carmes
R. du Moulin
R. Lafayette
R. Dugommier
Chapelle des Pères Jésuites
R. Paré
R. Guépin
R. de l'Arche Sèche
Basilique St-Nicolas
Maison des Apothicaires
Pl. des Volontaires de la Défense Passive
R. de Feltre
R. Duvoisin
R. Affre
Presbytère St-Nicolas
R. de la Barillerie
R. du Calvaire
R. Boileau
R. de la Clavurerie
R. Beauregard
R. L. Préaubert
R. Buffon
R. Lekain
R. Franklin
CENTRE-VILLE
R. d'Orléans
R. du Vieil Hôpital
R. Contrescarpe
R. Rubens
Fontaine
Pl. Royale
R. Scribe
R. Molière
R. Racine
R. Crébillon
R. Lapérouse
R. Ste-Catherine
All. Flesselles
Commerce NA
All. Brancas
Passage Pommeraye
Marché aux fleurs
Pl. du Commerce
Crs F. Roosevelt
Crs Olivier de Clisson
Angers-Nantes Opéra
Graslin
Pl. Graslin
1g
R. de la Fosse
R. Santeuil
All. Duguay Trouin
Square Docteur Louis Bureau
R. J.-J. Rousseau
Marché des bouquinistes
R. Thurot
Palais de la Bourse
R. Kervégan
Muséum d'histoire naturelle
La Cigale
Temple du Goût
Île Feydeau
1h
R. Voltaire
R. Piron
Marché biologique
All. de la Bourse
1f
R. Turenne
Cours Cambronne
R. Gresset
Général Cambronne
Hôtel Scheult
Hôtel Grou
Square Jean-Baptiste Daviais
Hôtel de la Villestreux
Bd J. Philippot
R. de Bréa
R. F. Éboué
R. de l'Héronnière
Q. de la Fosse
R. M. Sibille
Musée de l'Imprimerie
All. de l'Île Gloriette
Hôtel Deurbroucq
Marché de la Petite Hollande
Bd des Nations Unies
R. G. Veil
R. Bias
Université de Nantes
R. Bacqua
Q. de la Fosse
R. G. Michel
Q. de Tourville
Mémorial de l'Abolition de l'Esclavage
Passerelle V. Schoelcher
Q. A. Morice
Pt Haudaudine
Q. Fernand-Crouan
Q. François Miterrand
Jardin de l'Île Mabon
l'Absence
Indicateur météorologique
R. Magin
R. Sourdéac
l'Île Rouge
R. de l'Île Mabon
Pl. des Érables
R. La Noue Bras de Fer
Immeuble Manny
Mail du Front Populaire
R. A. Barbe Torte
R. La Tour d'Auvergne
Pl. François II
Bd L. Bureau
Maison des Hommes et des Techniques
1i
Les Machines de l'Île
R. A. III
R. P. Landais
La Fabrique Stéréolux
La Fabrique Trempolino
Bd de la Prairie au Duc
Pl. de la République

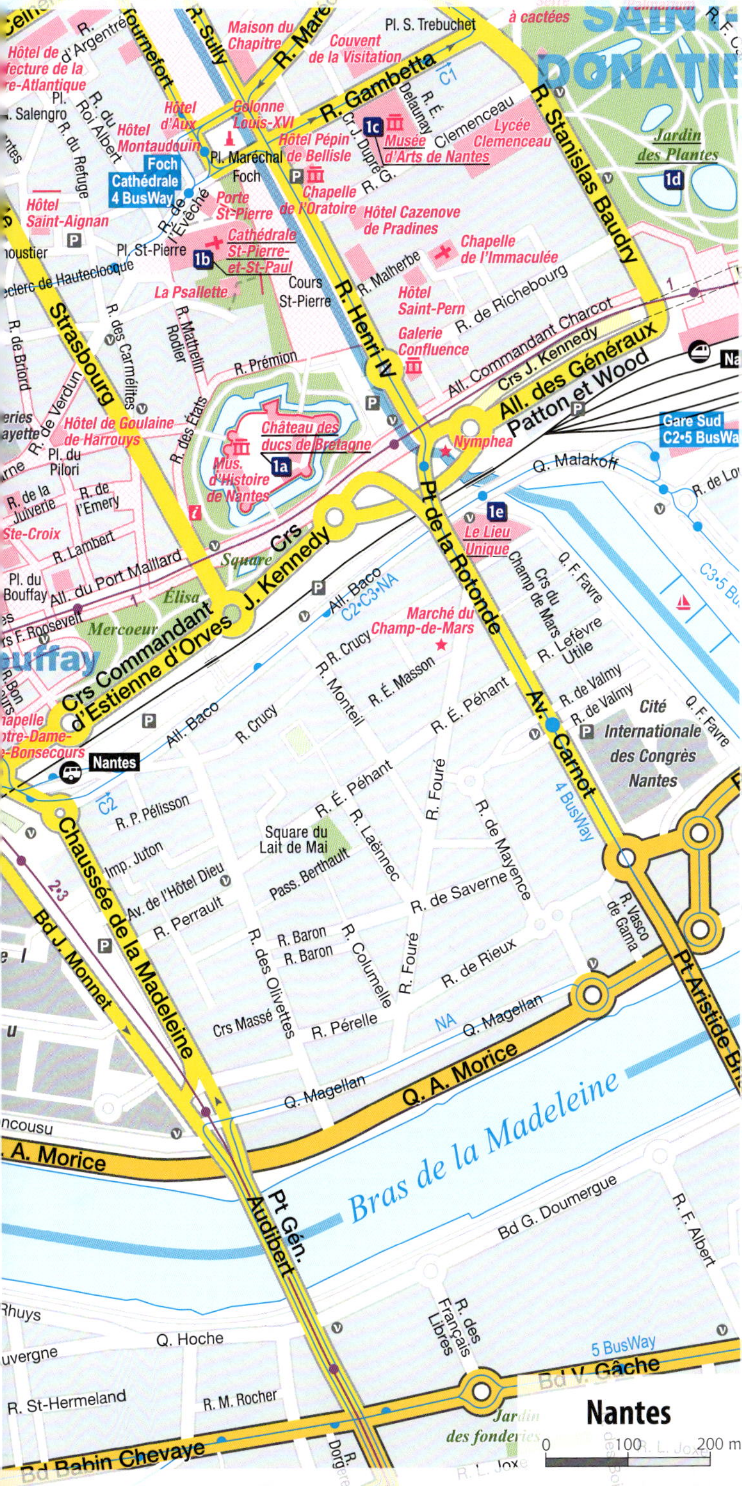
Nantes
0
100
200 m
Maison du Chapitre
Couvent de la Visitation
Pl. S. Trebuchet
R. Gambetta
R. Sully
R. Tournefort
R. d'Argentré
Hôtel de Préfecture de la Loire-Atlantique
Pl. Salengro
R. du Roi Albert
R. du Refuge
Hôtel d'Aux
Hôtel Montaudouin
Colonne Louis-XVI
Pl. Maréchal Foch
Foch Cathédrale 4 BusWay
Hôtel Pépin de Bellisle
1c
Musée d'Arts de Nantes
R. É. Delaunay
Cr J. Dupré
Clemenceau
Lycée Clemenceau
R. Stanislas Baudry
Jardin des Plantes
1d
Hôtel Saint-Aignan
R. de l'Évêché
Porte St-Pierre
Chapelle de l'Oratoire
Hôtel Cazenove de Pradines
Chapelle de l'Immaculée
Cathédrale St-Pierre-et-St-Paul
1b
Pl. St-Pierre
La Psallette
Cours St-Pierre
R. Malherbe
R. Henri IV
Hôtel Saint-Pern
R. de Richebourg
Galerie Confluence
All. Commandant Charcot
Crs J. Kennedy
All. des Généraux Patton et Wood
Nantes
Gare Sud C2•5 BusWay
Strasbourg
R. de Briord
R. des Carmélites
R. Mathelin Rodier
R. Prémion
R. des États
Hôtel de Goulaine de Harrouys
R. de Verdun
Pl. du Pilori
Château des ducs de Bretagne
1a
Mus. d'Histoire de Nantes
Nymphea
Q. Malakoff
R. de la Juiverie
R. de l'Emery
Ste-Croix
R. Lambert
Pl. du Bouffay
All. du Port Maillard
Square
Élisa
Mercoeur
Crs J. Kennedy
Crs Commandant d'Estienne d'Orves
1e
Le Lieu Unique
Pt de la Rotonde
Champ de Mars
Crs du Champ de Mars
Q. F. Favre
All. Baco
C2•C3•NA
Marché du Champ-de-Mars
R. Crucy
R. Monteil
R. É. Masson
R. Lefèvre Utile
R. É. Péhant
R. de Valmy
Av. Carnot
Cité Internationale des Congrès Nantes
C3•5 BusWay
Bouffay
Chapelle Notre-Dame-de-Bonsecours
Nantes
R. P. Pélisson
Imp. Juton
Av. de l'Hôtel Dieu
R. Perrault
Square du Lait de Mai
Pass. Berthault
R. Laënnec
R. Fouré
R. de Mayence
4 BusWay
R. de Saverne
R. Vasco de Gama
Chaussée de la Madeleine
Bd J. Monnet
R. des Olivettes
R. Baron
R. Columelle
R. de Rieux
Crs Massé
R. Pérelle
Q. Magellan
NA
Q. A. Morice
Pt Aristide Briand
Bras de la Madeleine
Pt Gén. Audibert
Bd G. Doumergue
R. F. Albert
Q. Hoche
R. des Français Libres
R. St-Hermeland
R. M. Rocher
5 BusWay
Bd V. Gâche
Jardin des fonderies
Bd Babin Chevaye
R. Dorgère

La façade de la cathédrale enchante par sa finesse et ses couleurs.

contraste avec les imposants blocs de granit utilisés pour la muraille.

Le château abrite le musée d'histoire de Nantes. À l'aide d'objets de collection (tapisseries, affiches, maquettes), il présente un portrait de la ville depuis l'Antiquité jusqu'à nos jours, en passant par le commerce de « l'or noir » au XVIIIe s. et la révolution industrielle.

Château des ducs de Bretagne et musée d'histoire de Nantes
4, pl. Marc Elder, Nantes
www.chateau-nantes.fr
t.l.j. 8h30-19h ; juil.-août 8h30-20h
8 € (5 €, entrée gratuite pour les –18 ans) ; cour, remparts et jardins sont en accès libre

Cathédrale Saint-Pierre-et-Saint-Paul 1b

Située sur la place Saint-Pierre, la cathédrale (gothique tardif) fut victime d'un incendie d'origine criminelle le 18 juillet 2020. Le feu a causé de grandes pertes : il a détruit l'orgue du XVIIe s. et le grand vitrail du XVe s. représentant la duchesse-reine Anne et sa mère. En attendat la rénovation, on peut toujours admirer l'église de l'éxtérieur. Sa façade est percée de trois portails ornés de fines sculptures. À noter la statue de saint Pierre sur le trumeau du portail central, et les sculptures illustrant des scènes de l'Ancien Testament. L'édifice présente une unité architecturale, malgré la durée de sa construction (1434-1891). La nef est haute de 37 m. Dans le croisillon droit de la cathédrale se trouve le tombeau en marbre blanc de François II, dernier duc de Bretagne, et de son épouse Marguerite de Foix, commandé en 1502 au sculpteur Michel Colombe par Anne de Bretagne, pour accueillir les restes de ses parents. L'église possède également deux cryptes. Celle romane (XIe s.), abrite des objets de culte (ciboires, calices, encensoirs) et la seconde (XIXe s.), accueille une exposition permanente retraçant l'histoire de l'édifice.

Cathédrale Saint-Pierre-et-Saint-Paul
pl. Saint-Pierre, Nantes
temporairement fermée

Musée d'Arts de Nantes 1c

Le musée d'Arts de Nantes présente de riches collections du XIIIe s. à nos jours. La collection d'art ancien est représentée par un ensemble d'œuvres de primitifs italiens. À partir de 1838, la ville décide de privilégier l'achat d'œuvres contemporaines, telles que les Cribleuses de blé de Courbet ou l'Esclave Blanche de Lecomte du Noüy. La collection d'art moderne du musée se compose d'œuvres impressionnistes (Monet, Valadon), expressionnistes (Kees Van Dongen), pointillistes (Signac) ou issues du fauvisme (Delaunay).

10, rue Georges-Clemenceau
museedartsdenantes.nantes-metropole.fr mer.-lun. 11h-19h
8 € (4 €)

Jardin des plantes 1d

Ce parc est remarquable par sa richesse botanique, avec sa collection de camélias unique en France et ses

La marque LU et les mascarons de l'île Feydeau sont indissociables de Nantes.

magnolias, dont celui d'Hectot : cet arbre, âgé de 16 ans au moment de sa plantation en 1807, est aujourd'hui le plus vieux du jardin. Chaque printemps, plus de 50 000 fleurs sont plantées, pour la décoration florale d'été. 800 m² de serres abritent des espèces rares de cactus et des orchidées. Le Palmarium (1898), abrite un grand nombre d'épiphytes – des plantes qui poussent sur d'autres plantes, et non dans le sol (orchidées, mousses, lichens, la plupart des fougères et certains cactus).

En 1846, Jean-Romain Lefèvre et Pauline-Isabelle Utile fon-dent une pâtisserie à Nantes, qui acquiert rapidement une excellente renommée. Plus tard, en 1883, le fils benjamin Louis Lefèvre-Utile reprend l'affaire familiale et achète une ancienne filature pour construire une fabrique de biscuits. Il imagine alors un biscuit rectangulaire aux bords découpés, inspiré par les napperons de sa grand-mère : voilà comment le « Petit Beurre » est né. Il deviendra un symbole important de la réussite industrielle de Nantes.

*Des usines situées le long de l'avenue Carnot, il ne subsiste aujourd'hui qu'une partie des bâtiments, puisqu'à dater de 1972 toute la partie sud et l'une des deux tours sont rasées pour laisser place à un ensemble immobilier. La partie nord est déclarée site protégé. À la fin des années 1990, la tour restante est restaurée et l'ensemble devient Le Lieu Unique **1e** (où l'on retrouve les initiales LU). Ce centre culturel abrite un café, un restaurant, des salles de spectacles et est le siège de nombreuses manifestations culturelles nationales. Tout le patrimoine artistique de la biscuiterie LU a été déplacé dans son musée officiel au château de Goulaine.*

Île Feydeau 1f

Ancienne île située dans le centre de Nantes sur la Loire, l'île Feydeau regorge de nobles demeures réalisées en pierre blanche de tuffeau, témoignant de la richesse des négociants et armateurs nantais. Rue Kervégan, on peut admirer des immeubles ornés de mascarons à visages de pirates, auréolés de coquillages. Le Temple du Goût (1750), au 16, allée Duguay-Trouin, est une demeure remarquable entièrement classée : sa façade en pierre de tuffeau de forme pyramidale exhibe de nombreux mascarons. À l'intérieur, un escalier monumental de granit révèle toute la maîtrise technique de l'architecture.

Le théâtre Graslin et la fontaine de la place Royale témoignent du chic du quartier.

Le terme « mascaron » vient de l'italien mascherone, qui désigne un ornement en forme de masque. Arrivés en France avec les guerres d'Italie au XVIe s., les mascarons décorent les façades et ont pour fonction d'éloigner les mauvais esprits. Ils représentent généralement une figure humaine caricaturale et grotesque : tête de pirate, visage grimaçant, personnages inspirés de la mythologie, génies de la mer barbus et moustachus, pirate auréolé de coquillages, visage de femme couronné d'épis de blé ou encore Bacchus coiffé de raisins !

Quartier Graslin 1g

Cet élégant quartier est l'un des plus intéressants de Nantes du point de vue architectural. Reconstruite après-guerre, la place Royale (1794) constitue l'articulation entre la vieille ville et le paysage urbain du XIXe s. Elle s'étend autour d'une fontaine colossale en granit bleu et bronze. Érigée en 1865, la pièce maitresse en fonte est entourée de cinq statues symbolisant la Loire (personnage féminin central assis) et ses affluents. La statue blanche en marbre qui couronne toute l'œuvre représente la ville de Nantes.

Classé monument historique, le Passage Pommeraye est un passage couvert créé en 1843 par Jean-Baptiste Buron et Hippolyte Durand-Gasselin, qui s'organise en trois niveaux autour d'un escalier monumental. Son intérieur attire par de nombreuses sculptures fines et de riches décorations. Il abrite aujourd'hui une galerie marchande et également des habitations : ainsi, il est fermé la nuit. Le passage débouche sur la rue Crébillon, réputée pour ses boutiques de luxe.

La place Graslin est l'une des principales places du centre-ville de Nantes. Fin 2012, elle bénéficie d'un projet de réaménagement mené par l'architecte urbaniste nantais Yves Steff : après les travaux nous pouvons y admirer une fontaine centrale et une grande promenade faisant le tour de la place. On remarquera également le théâtre Graslin (fin XVIIIe s.), un chef-d'œuvre de style néo-classique.

Muséum d'histoire naturelle de Nantes 1h

Inauguré en 1875, le Muséum abrite d'importantes collections de zoologie (plus de 1 600 000 spécimens de mammifères, d'oiseaux, d'insectes et de coquillages), de minéralogie, de botanique et d'ethnologie. Au rez-de-chaussée se trouve la galerie des sciences de la terre, avec des échantillons de minéraux et de fossiles. Un vivarium présente des reptiles et

Rêve ou réalité ? L'Éléphant est un chef d'œuvre de mécanique.

batraciens vivants. Dans la grande salle de zoologie du premier étage, mille spécimens d'animaux vertébrés sont présentés au public. Retenons le squelette de baleine et le grand pingouin d'Islande, recueilli sur un navire au large de l'île en 1830, une espèce aujourd'hui disparue.

Muséum d'histoire naturelle de Nantes
@ museum.nantesmetropole.fr mer.-lun. 10h-18h (été à 19h) € 4 € (2 €)

Les Machines de l'île 1i

Depuis 2007, d'étranges machines créés par François Delarozière et Pierre Orefice sont venues peupler l'Île de Nantes. Sur les lieux ou étaient autrefois construits les navires, les visiteurs découvrent un univers incroyable, inspiré par Jules Vernes et Léonard de Vinci, entre poésie et technologie : le Carrousel des Mondes marins, un manège géant de 25 m de haut habité par de nombreuses créatures marines, comme le Crabe Géant. On peut également voir le Calamar à rétropropulsion, ou voir évoluer le Grand Éléphant, accueillant à son bord jusqu'à 50 passagers. La Galerie des Machines abrite encore d'autres animaux mystérieux, comme la Fourmi d'étude ou bien les Membracides.

Les Machines de l'île
@ www.lesmachines-nantes.fr
horaires variables, le mieux est de les vérifier sur le site web € 8,50 € (6,90 €)

Haut de 12 m et long de 21 m pour 5 m de large, le Grand Éléphant est l'une des plus célèbres machines de l'île de Nantes. Irriguée par 2000 litres d'huile hydraulique, la carcasse métallique du Grand Éléphant est recouverte de bois de tulipier de Virginie. La trompe et la queue sont mobiles ; un machiniste fait cligner les yeux de « l'animal » et déclenche les barrissements. Sur le dos de l'éléphant, depuis le salon intérieur ou la plateforme terrasse, les voyageurs peuvent observer les rouages des pattes en mouvement, et admirer une vue sur le site des anciens chantiers navals.

Situé dans un cadre marécageux, le château de Goulaine remonte au XIIe s.

barque sur les canaux (douves) qui parcourent la zone et drainent les eaux du marais vers la Loire. Il s'y épanouit une faune riche (canards, hérons cendrés, foulques, brochets) et une flore typique des zones humides (roseaux, saules, joncs fleuris). Tout au long de l'année, la Maison Bleue située au Pont de l'Ouen propose des sorties et des animations sur le thème de la nature ou du marais. Le panorama exceptionnel de la butte de la Roche tout proche permet d'admirer un panorama à 360° sur les marais et la ville de Nantes.

2 Château de Goulaine

Autrefois, il séparait le duché de Bretagne du royaume de France.

Situé dans le Vignoble Nantais, le château de Goulaine (bâti aux XIIe, XVe et XVIIe s.) est une imposante demeure construite en pierre blanche de tuffeau, appartenant à la famille Goulaine, selon la légende, depuis plus de 1 000 ans. Robert de Goulaine, 11e Marquis du nom, a restauré le château, racheté à son oncle en 1957. Il fallu plus de 50 années de travaux pour redonner au domaine toute sa splendeur. Aujourd'hui, la Marquise de Goulaine et son fils, Christophe de Goulaine, poursuivent l'aventure familiale. Le domaine du château produit du vin, que l'on peut acheter sur place.

Château de Goulaine ✉ Haute-Goulaine @ www.chateaudegoulaine.fr
⌚ juil.-août t.l.j. 14h-18h30 € 10,50 € (7,50 €, entrée gratuite pour les –5 ans)

Entouré par les vignes, le marais de Goulaine (www.loire-goulaine.fr) s'étend à env. 5 km à l'est de Nantes. Ces paysages remarquables et contrastés se découvrent à pied en été, lorsque les marais sont asséchés, ou bien en

3 Le Pallet

Cette bourgade située en pleine campagne abrite un site incontournable de la région : le musée du Vignoble Nantais.

La vigne a sans doute été introduite dans la région nantaise par les Romains vers Ier s. Les plantations s'étendent depuis les rives de la Loire jusqu'en Vendée.

La région produit des vins de table mais aussi des crus de terroir, plus méconnus. Parmi les vins les plus célèbres on trouve le Muscadet Sèvre et Maine, qui est l'une des plus anciennes AOC de France avec le Muscadet Coteaux de la Loire (tous les deux datent de 1936), mais aussi le Coteaux-d'Ancenis, le Gros-Plant et le Fiefs-Vendéens.

Le musée du Vignoble Nantais permet de découvrir et comprendre comment se font les vins de Nantes. À travers une collection de 700 objets (alambics, vendangettes, portoirs, ébulliomètres), il présente les savoir-faire des vignerons nantais et l'histoire du terroir. Des activités et des animations sont proposées pour les enfants (à partir de 6 ans).

La chapelle Sainte-Anne (XIe s.) est le seul vestige d'une église et d'une ancienne place forte. À l'intérieur on trouvent trois pierres tombales du

Moyen Âge. À proximité, les ruines du donjon, la plus grande construction romane de plan carré de ce genre dans l'Ouest de la France.

Musée du Vignoble Nantais
82, rue Pierre Abélard, Le Pallet
www.vignoble-nantais.eu
avr.-juin, sept.-10 nov. dim.-ven. 14h-18h ; juil.- août t.l.j. 10h-13h, 14h-18h
5 € (2,50 €, entrée gratuite pour les –12 ans)
Chapelle Sainte-Anne rue Pierre Abélard ; la chapelle se trouve à côté du cimetière et elle est à admirer de l'extérieur

La route touristique du Vignoble Nantais est signalée par une grappe de raisin jaune et une feuille verte. Elle forme un circuit de découverte qui mène jusqu'à Clisson, puis traverse Le Loroux Bottereau et le Belvédère du Vignoble, en passant par Vallet. Le musée du Vignoble Nantais au Pallet est une étape incontournable de ce circuit.

4 Clisson ★

Dans la ville flotte un parfum unique, dû à deux amoureux de la culture et de l'architecture italiennes.

En 1793, les guerres de Vendée laissent la ville détruite. Clisson verra son renouveau grâce au peintre nantais Pierre Cacault, de retour d'Italie, et au sculpteur François-Frédéric Lemot.

Ils entreprennent une restauration de la ville sur le modèle toscan. Aux côtés des quelques bâtiments d'autrefois (les Halles, le pont Saint-Antoine et le pont de la Vallée, XVe s.), le parc de la Garenne-Lemot, ou bien les rues de la Collégiale et du Tire-Jarrets, dans un décor de tuiles et de briques, témoignent des influences italiennes qui ont marqué la ville.

L'intérieur de la chapelle Sainte-Anne au Pallet recèle des pierres tombales sculptées.

Dominant la rive gauche de la Sèvre, le château de Clisson fut une importante place forte de Bretagne. Le château actuel se présente sous la forme d'une double douve et de murailles fortifiées (XIIe-XVIe s.). Édifiée sur un éperon rocheux, la première construction (XIIe–XIVe s.) est entourée d'une enceinte polygonale et protégée à l'est par la Sèvre. La partie ouest, très exposée, est flanquée de plusieurs tours défensives. Le deuxième château fut construit à partir du XVe s. sous les ordres du duc François II, père d'Anne de Bretagne. Il est actuellement en cours de restauration.

Le domaine de la Garenne-Lemot transporte le visiteur en Italie. Créé au début du XIXe s., il se compose d'un parc boisé où s'épanouissent pins parasols et marronniers, d'une villa et d'une maison de jardinier, dont la tour-pigeonnier rappelle les demeures de Toscane. De style néo-palladien, la villa Lemot (1824) offre, depuis son

Pour se sentir comme en Toscane, il suffit de se rendre à Clisson.

belvédère, une vue sur la Sèvre. Une colonnade en hémicycle donne sur les allées d'accès à la villa. Le parc paysager a conservé ses statues antiques, ses petits temples et ses fabriques de jardin.

Château de Clisson
rue du Château www.chateau-clisson.fr fév.-mars et oct.-déc. mer.-lun. 14h-17h30 ; avr.-sept. mer.-lun. 10h30-13h et 14h-18h 3 € (2 €)
Domaine de la Garenne-Lemot
av. Xavier Rineau, Gétigné
t.l.j. avr.-sept. 9h-19h30 ; oct.-mars 9h-18h accès gratuit au site, visite découverte : 3 € (2 €)

5 Abbatiale de Saint-Philbert-de-Grand-Lieu

L'abbatiale est une majestueuse bâtisse construite vers 815 par des moines bénédictins.

Classée monument historique, elle est dans un excellent état de conservation. Dans la nef, les ombres et les lumières jouent à cache-cache entre les imposants piliers. L'intérieur, à première vue plutôt austère, surprend par son architecture harmonieuse, où les pierres et les briques s'alternent dans les piliers, et les briques et le tuffeau dans les arcs. L'église abrite quelques statues en bois, dont celle du vocable, et des vasques. À découvrir également, la crypte qui accueille le sarcophage mérovingien en granit de saint Philibert.

Jouxtant l'abbatiale, le jardin médiéval comporte des plantes médicinales et aromatiques qu'utilisaient les moines à l'époque de Charlemagne. Le site de l'abbatiale est également la scène de nombreuses animations : concerts, expositions thématiques, visites commentées.

Abbatiale de Saint-Philbert-de-Grand-Lieu pl. de l'Abbatiale avr.-sept. mar.-dim. 10h-12h30, 14h-18h30 ; oct-mars 14h-17h30 5 € (3 €, entrée gratuite pour les –6 ans)

6 Lac de Grand-Lieu

En partie interdit au public, le site présente une variété de milieux : eau douce, marais, prairies humides et landes.

Le lac est alimenté par l'Ognon à l'est et la Boulogne au sud-est. Il offre trois points d'observation sur les sites de Passay, Pierre Aiguë et du clocher de Sainte-Lumine-de-Coutais. Du fait de sa spécificité, le lac abrite une faune riche et variée : 270 espèces d'oiseaux (dont la grande aigrette et la spatule blanche, deux espèces très rares en France), et une cinquantaine de mammifères parmi lesquels la loutre et le vison d'Europe.

7 Pornic

Agréable station balnéaire sur le littoral, Pornic est bordée de criques et de villas Belle Époque.

Le château de Pornic (xᵉ s.) appartenait au xvᵉ s. à Gilles de Rais (dit Barbe bleue), compagnon d'armes

Le château de Pornic, dit de « Barbe Bleue » domine l'anse aux Lapins à Pornic.

de Jeanne d'Arc. Tombé en ruine au XVIIIe s., il est réaménagé par l'architecte nantais François Bougoüin qui lui donnera son aspect actuel. L'édifice est privé et ne se visite pas. À ses pieds, des restaurants de plage offrent une vue sur l'entrée du vieux port.

Pornic fut une ville de pêcheurs de morue avant de devenir une station balnéaire. À partir du port, des rues étroites bordées d'anciennes maisons de marins remontent vers l'église. Au XIXe s., la mode des bains de mer et l'arrivée du train donnent un second souffle à Pornic qui devient le lieu de villégiature de nombreux artistes (Gustave Flaubert, Paul Léautaud, Michelet, Robert Browning). Aujourd'hui, la baignade, les sports nautiques et la thalassothérapie sont les activités phares de la ville.

Le Curé Nantais, le petit fromage symbole de Pornic, à pâte molle et à croûte lavée, se prépare à partir de lait cru de vache. Fabriqué depuis 1986, il a gagné une médaille d'or au concours général de l'Agriculture en 2012. La fromagerie se visite et dispose d'une boutique. Rendez-vous au n°16, rue Docteur Auguste Guilmin, de mardi à vendredi à 10h pour une visite guidée.

La ville est fameuse également pour sa faïencerie artisanale. Des bols-prénoms, des assiettes, des plats diviseurs, des chopes et bien d'autres produits fabriqués à la main sont à trouver dans la plupart des magasins de plage et dans la boutique du producteur (rue de la Faïencerie).

8 Blain

Ancienne cité gallo-romaine, la ville est célèbre pour son château fort autrefois chargé de défendre les Marches de Bretagne.

En raison de sa position stratégique entre canal et forêt, Blain a longtemps été un lieu d'échanges important. Son petit port, situé sur la rive droite du canal de Nantes à Brest, possède un charme discret : les péniches y débar-

Les ennemis redoutaient sans doute les gargouilles de château de Blain.

quaient autrefois leurs cargaisons de sable de Loire et de vin, puis repartaient chargées de pommes, de bois et de charbon. Maintenant, c'est un paisible port dédié à la plaisance. Le long du quai Surcouf, les terrasses des cafés et restaurants donnent sur le château de la Groulais.

Construit par le duc Alain IV Fergent au XIIe s. vers 1104, le château de Blain a joué un rôle important dans la défense de la Bretagne. Après avoir appartenu au duc de Clisson, il devient propriété des ducs de Rohan en 1407. Le château est composé de deux enceintes fortifiées : le « Petit Chastel », muni de quatre tours, et la « Grande Enceinte », entourée de fossés profonds et défendue par cinq tours. En été, le site accueille les visiteurs avec des expositions (dans la tour du Pont-Levis), des reconstitutions historiques et des animations.

Le musée de Blain possède une collection de dizaine de milliers de fèves des rois, unique en France, et de nombreuses crèches du monde entier y sont présentées. Une salle est consacrée aux vestiges gallo-romains découverts lors des fouilles.

Château de Blain ✉ 4, allée Olivier V de Clisson ☎ 06 37 34 75 74 @ www.chateaudelagroulais.fr
Musée de Blain ✉ place Jean Guihard @ museedeblain.wordpress.com ⌚ mar.-ven. 10h-12h et 14h-17h30, sam. 14h-17h30 € entrée gratuite (sauf groupes)

9 Forêt domaniale du Gâvre

Site classé Natura 2000, la région fut longtemps le foyer d'activité de bûcherons et de fournisseurs de bois.

Située à env. 2 km au nord de Blain, la forêt du Gâvre est composée de hêtres, de chênes et de pins maritimes et s'étend sur environ 4 500 ha, entre la vallée de la Vilaine à l'ouest et la plaine de Mazerolle à l'est. C'est le plus grand domaine forestier de Loire-Atlantique et le paradis des randonneurs, des cueilleurs de champignons et des amateurs de sports de plein air.

La forêt du Gâvre héberge une faune variée : cervidés, renards, ainsi que de nombreux oiseaux (bécasse, chouette hulotte). Le promeneur dispose de sentiers aménagés à découvrir à pied, à cheval ou à vélo.

Située au Gâvre dans une demeure à tourelles du XVIIe s., la Maison de la Forêt abrite un musée qui permet de découvrir les anciens métiers du bois au travers de reconstitutions et diverses collections d'objets. Des activités nature sont également proposées au public.

Maison de la Forêt – Musée Benoist
✉ 2, route de Conquereuil, Le Gâvre ☎ 02 40 51 25 14 @ www.maisondelaforet44.fr ⌚ vac. scol. t.l.j. 14h30-18h30 ; hors vac. scol. dim. et j.f. 14h30-18h30

Presqu'île de Guérande et Brière

Le littoral, autrefois entièrement dédié à la pêche et au transport maritime, est aujourd'hui un pôle touristique incontournable.

Damgan
Billiers
Bétahon
Penn Lann
Kervoyal
Penerf
Dolmen le Crapaud
le Guernehué
Lantiern
St-Jean-Baptiste
Arzal
la Roche-Bernard
Bourgorel
Tréhiguier
Haut-Pénestin
Pénestin
Vieille Roche
Camoël
Férel
Kerfalher
le Carroué
56 Morbihan
44 Loire-Atlantique
HERBIGNAC
Pointe du Bile
le Bile
Caire
Kermoret
Kergoche
Mesquéry
Asserac
Île Dumet
Parc
Quimiac
Kercabellec
Pont d'Arm
Petit Arm
Pompas
Caillaudin
Mesquer
Monkey Forest
Arbourg
Kertrait
Piriac-sur-Mer
Piriac Aventure
St-Molf
St-Lyphard
Pointe du Castelli
St-Sébastien
Méliniac
Coispéan
Kerlo
Lérat
Belmont
Bouzaire
Kerhinet
Miroux
le Grand Trescalan
la Guérandaise
Allée couverte
N.-D. de la Miséricorde
Kergonan
la Turballe
Moulin du Diable
Cogea
Clis
de Brière
Lergat
GUÉRANDE
Collégiale St-Aubin
Porte St-Michel
les Maisons Brûlées
Kerignon
Marais salants
la Duine
Bilac
ST-ANDRÉ-DES-EAUX
Phare du Four
Océanarium
Avrillac
le Croisic
Kerquessaud
Pointe du Croisic
Lunapark
Escoublac
N.-D. de Pitié
Mont-Esprit
Château de Careil
Brais
Kervalet
Saillé
LA BAULE-ESCOUBLAC
ParcOfolies
Batz-sur-Mer
St-Guénolé
le Pouliguen
Cim. brit.
l'Immaculée
les Quatre Vents
Cim. all.
Penchâteau
Grotte des Korrigans
PORNICHET
Bonne Source
St-Sébastien
Fort de l'Ève
Ste-Marguerite
St-Marc
Côte d'Amour
Phare de la Banche
0
5
10 km
Pointe St-Gildas

la Manche
Jersey (R.-U.)
Normandie
Caen
Morlaix
Brest
St-Brieuc
St-Malo
Bretagne
Quimper
Rennes
Laval
Pont-l'Abbé
Lorient
Vannes
Angers
OCÉAN ATLANTIQUE
Saint-Nazaire
Nantes
Loire
Anjou
Cholet
la Roche-sur-Yon
Nivillac
la Martinais
St-Dolay
Izernac
Ville-Marguerite
Croix de Kernan
44
Burin
Chât. de la Bretesche
St-Pierre-et-St-Paul
la Croix
Pont d'Orzon
la Béchetais
Missillac
la Ville Rio
l'Angle
Bertho
la Chapelle-des-Marais
Perno
la Gravelais
Calvaire
Québitre
Ste-Reine-de-Bretagne
le Fuseau de la Madeleine
PONTCHÂTEAU
Branducas
la Crandelais
Balasson
les Quatre Chemins
Quilly
naturel
Carnérun
Bosselas
Crossac
Cambénac
Menhir
la Lande
Montmignac
Bocquehand
Campbon
7
régional
Île de Pandille
la Brionnière
Besné
St-Roch
la Harlière
les Rivières
Clas
la Grande
Île-de-Fédrun
St-Joachim
la Guesne
la Morandais
la Davelais
le Rocher
Brière
Île d'Aignac
Île d'Errand
Revin
le Brivet
Hêlé
le Gros-Chêne
la Chapelle-Launay
le Tillon
Parc animalier
St-Malo-de-Guersac
Canzac
Pringuiau
MONTOIR-DE-BRETAGNE
Maca
la Censie
SAVENAY
la Touche Basse
DONGES
St-Martin
Bert
TRIGNAC
Camé
Gazeau
l'Orme
la Megretais
Aéroport de St-Nazaire - Montoir (SNR)
la Fontaine
Bouée
la Loire
Lavau-sur-Loire
Pont de St-Nazaire
Corsept
Paimbœuf
Rohars
Cordemais
la Foucauderie
ST-NAZAIRE
1
la Grand-Ville
la Mulotais
la Pordais
la Cruaudais
ST-BREVIN-LES-PINS
Phare d'Aiguillon
Menhir de la Mégerie
St-Viaud
le Migron
le Cerny
les Petits Brûlés
la Grande Grevelais
Frossay
St-Brévin l'Océan
la Donnoire
le Landreau
51
la Brosse
la Jarriais
les Rochelets
les Landes Grasses
la Riverais
St-Père-en-Retz
Menhir du Boivre
les Ferrières
la Bévinière
St-Michel-Chef-Chef
la Haute Masserie
le Pas Bochet
la Sicaudais
la Princetière
la Baconnière
Menhir le Pierre de la Croterie
la Pauvredrie
le Moulin de la Barre
Tharon-Plage
Port-Giraud
la Gautrais
la Rochandière
la Sèvrie
la Feuillardais
la Plaine-sur-Mer
la Fertel
Remartin
les Genaubins
Chauvé
le Poirier
le Brandais
Préfailles
les Raises
la Michelais des Marais
le Pas de la Haie
le Portmain
la Bourrelière
Haute Perche
Arthon-en-Retz
le Porteau
Ste-Marie
Tumulus Cairn les Mousseaux
le Pont
la Baconnière
le Clion-sur-Mer
le Port
Chéméré
Côte de Jade
PORNIC
le Marais Maingüy
Dolmen de la Joselière
la Tartouzerie
la Laurière
la Bernerie-en-Retz

Le paquebot transatlantique Queen Mary 2 fut construit à Saint-Nazaire.

1 Saint-Nazaire

L'histoire de Saint-Nazaire est intimement liée à sa situation géographique à l'embouchure de la Loire.

La ville fut un important port transatlantique. Après 1945, Saint-Nazaire, presque entièrement rasée, est reconstruite à la va-vite en tournant le dos à son port, qui va continuer son épopée industrielle avec la construction navale et plus tard celle d'avions et d'hydravions. Aujourd'hui, les installations portuaires constituent un site composé d'un cinéma multiplexe, d'une base sous-marine, de musées, et des Chantiers de l'Atlantique.

La base sous-marine (1941-43) contient 14 cellules pouvant abriter jusqu'à vingt sous-marins. Elle accueille aujourd'hui l'Office de Tourisme et fait partie du projet appelé « Ville-port », qui a pour vocation de prolonger le centre-ville et de réconcilier les habitants et les voyageurs avec la zone surnommée la Poche de Saint-Nazaire.

Le créatif musée Escal'Atlantic est aménagé dans un paquebot transatlantique grandeur nature (3 500 m²), reconstitué pour l'occasion. La visite est élaborée comme une croisière : les voyageurs, avec leur carte d'embarquement, sont accueillis « à bord » par le personnel, habillé en tenue d'équipage. Les « passagers » peuvent découvrir les cabines luxueuses, la salle des machines, la timonerie et le restaurant, dans une atmosphère et un décor reconstitués.

Depuis sa mise en service en 1960, le sous-marin Espadon a parcouru l'équivalent de 17 fois le tour de la Terre. Ce fut le premier sous-marin français à naviguer sous la banquise, lors d'une mission en mer de Norvège en 1964.

L'écomusée de Saint-Nazaire retrace les grandes étapes de l'histoire de la ville, en abordant la création du port, les activités maritimes, la Seconde Guerre mondiale et la reconstruction.

Escal'Atlantic ✉ bd de la Légion d'Honneur ⌚ avr., mai, juin : mar.-dim. 10h-13h et 14h-18h ; juil.-août : t.l.j. 10h-20h ; sept.-oct.. : mar.-dim. 10h-13h et 14h-18h ; nov.-déc. : horaires variables € 14 € (12 €, 7 € pour les 4-14 ans, gratuit pour les –4 ans)

Sous-marin Espadon ✉ av. de la Forme-Ecluse ⌚ avr., mai, juin, : mar.-dim. 10h-13h, 14h-18h ; juil.-août : t.l.j. 10h-19h ; sept.-oct. : mar.-dim. 10h-13h, 14h-18h ; nov.-déc. : horaires variables € 10 € (8,50 €, 4,50 € pour les 4-14 ans)

Chantiers de l'Atlantique ⌚ visites programmées

La plage de La Baule-Escoublac étire son sable fin sur 9 km.

€ 17 € (15 €, 8,50 € pour les 4-14 ans, gratuit pour les –4 ans) i départ à la base sous-marine, Saint-Nazaire, Ville-Port

Écomusée de Saint-Nazaire

✉ av. de Saint-Hubert € 5 € (4 €, 2,50 € pour les 4-14 ans, gratuit pour les –4 ans)

Territoire de repli des troupes allemandes, la Poche de Saint-Nazaire fut la dernière zone de France à être libérée en 1945. Elle est située entre l'embouchure de la Vilaine et Pornic. En 1944, après le Débarquement de Normandie, la concentration des Allemands à cet endroit fut telle que les Alliés organisèrent un front, encerclant les soldats nazis et les populations civiles dans la Poche. Celle-ci ne fut libérée que trois jours après la capitulation des Allemands, le 11 mai 1945.

2 La Baule-Escoublac

Cette station balnéaire, nichée dans une baie ravissante, étend en arc son immense plage de sable fin sur 9 km.

À l'origine, « La Bôle » (nom désignant les petites dunes formées par le vent), simple lieu-dit de la commune d'Escoublac, est un cordon dunaire instable repoussant les locaux dans les terres. Au XIXe s., pour lutter contre l'avancée des sables menaçant les habitations, la Société des Dunes d'Escoublac plante plusieurs hectares de pins maritimes en bordure de la mer.

La longue plage de 9 km s'étend de Pornichet au Pouliguen (dont 5 km sur La Baule). Le front de mer, protégé des vents, s'étire sur 7 km.

Le centre-ville et les quartiers résidentiels, avec leurs rues tranquilles et leurs villas anciennes camouflées sous les pins, sont élégants. Le parc des Dryades est un ancien bois transformé en jardin public où poussent plus de 300 arbres et près de 20 000 plantes. Située juste en amont, la forêt d'Escoublac dévoile ses essences variées (acacias, pins maritimes ou encore aubépines). Cette forêt dunaire est le vestige de l'ancienne pinède qui servit autrefois à fixer la dune.

En 1911, le journal local La Mouette organise un concours pour trouver un nom à celle que l'on appelle jusqu'à présent la Grande Côte. Une lectrice propose la « Côte d'Amour » : ce nom plaît immédiatement et sera désormais repris dans tous les guides touristiques.

La région du Croisic est réputée pour la pêche, surtout de la crevette.

3 Le Croisic

Le Croisic, « petite croix » en breton, est un attachant village connu pour ses traditions de pêche.

Il a su préserver son caractère de port breton typique. Le port local, très vaste, s'étend du mont Esprit au mont Lénigo.

Dès le XVIe s., les armateurs et négociants profitaient du commerce du sel et de la construction navale. Ainsi, les quais de Port Ciguet et Lénigo et les rues proches de l'église Notre-Dame de Pitié (XVIe-XVIIe s.), sont bordés de nombreuses maisons d'armateurs à perron du XVIIe s.

L'Océarium du Croisic est situé à 400 mètres de la mer, ce qui lui permet d'alimenter ses bassins en eau de mer. 4 000 poissons, une vingtaine de requins, des tortues et des raies y sont présentés au public. À l'entrée de l'Océarium, la « nurserie » permet d'admirer des petits homards, de minuscules raies, mais aussi des étoiles de mer et des bébés hippocampes. À l'extérieur, une colonie de manchots du Cap est nourrie t.l.j. à 11 h, 15 h et 17 h. Un tunnel de 11 m de long qui traverse un bassin, permet d'observer raies, squales et mérous.

Le Croisic est aussi une station balnéaire connue pour ses plages. La côte sauvage se découvre à partir de la pointe du Croisic, à laquelle on accède par la route en corniche. Le sentier côtier surplombe les criques, les grottes sauvages et les rochers.

Océarium du Croisic ✉ av. de Saint-Goustan @ www.ocearium-croisic.fr
🕘 t.l.j. mi-fév.-mars, oct. : 10h-18h, 1ère sem. d'avril-1ère sem. de juil., sept. : 10h-19h, juil.-août : 10h-20h, nov.-déc. (sauf Noël) : 14h-18h, fermé en jan. € 14,90€ (11,90€)

Le Croisic est réputé pour sa crevette rose surnommée le « bouquet du Croisic » et ses coquillages. C'est le premier port de pêche à la crevette en France et le premier centre d'élevage de la coque. Face au quai du Lénigo sur la jonchère du port, la nouvelle criée (t.l.j. de 4h à 7h, inaccessible aux visiteurs pour des raisons de sécurité) offre un spectacle des plus pittoresques. Les bateaux de pêche y débarquent leur cargaison de crevettes, langoustines, soles et bars qui s'achètent au marché ou se dégustent dans l'un des nombreux restaurants de la ville.

Créés sur un ancien marécage, le mont Esprit et le mont Lénigo sont deux monticules artificiels constitués à partir du Moyen Âge par le lest des navires marchands venus charger le sel extrait dans les marais salants de Guérande. Fait curieux, le mont Esprit doit son nom à une déformation de « lest pris ». Il fut aménagé en jardin public au XIXe s. à l'initiative du docteur Yves Chelet. C'est aujourd'hui un espace boisé

surmonté d'un belvédère, qui offre une vue sur le port du Croisic ainsi que sur les marais salants. On y accède depuis la rue des Poilus. Le lest de pierres et de sable des bateaux est également à l'origine de la jonchère du port.

4 Marais salants ★

C'est ici que l'on produit le célèbre sel de Guérande, récolté à la main selon une ancienne méthode artisanale.

Les marais salants sont situés dans les traicts du Croisic. Grâce à une structure à trappes, l'eau, apportée par des étiers jusqu'aux marais salants, est admise dans un bassin appelé « vasière ». Puis, elle circule dans la saline, en traversant une suite de bassins creusés dans l'argile : le cobier, les fares, les adernes et enfin les œillets. Sous l'action du soleil, l'eau s'évapore et la concentration en sel augmente pour atteindre 300 g/l dans le dernier bassin. Le rôle du paludier consiste alors à récolter le sel sur le fond argileux de l'œillet, à l'aide d'un outil appelé le « las ».

La fleur de sel est la mince couche de cristaux blancs qui se forme à la surface des œillets. Elle est très pure car elle n'a pas touché l'argile. Les gastronomes l'apprécient pour sa douce saveur de violette et sa couleur d'un blanc immaculé. C'est un produit d'une très haute qualité nutritionnelle, riche en oligo-éléments. Les marais salants ont d'ailleurs été classés « Site remarquable du goût ». Depuis 2012, le sel de Guérande et la fleur de sel de Guérande ont obtenu leur IGP (Indication Géographique Protégée).

Les paludiers sont la clé de voûte de ce patrimoine. On estime qu'environ 250 paludiers sur la commune de Guérande récoltent entre 800 et 12 000 t de gros sel par an pour environ 300 tonnes de fleur de sel. Situé à Batz sur Mer, le musée des marais salants raconte l'histoire du sel et des gens du marais à travers des collections de photographies, peintures, cartes postales et objets divers.

Les paludiers récoltent le sel des bassins appelés œillets à l'aide d'un « las ».

L'espace nature Terre de Sel propose des visites guidées et des promenades familiales avec des expériences ludiques pour les enfants, des balades gourmandes, des visites d'entreprises, ou des sorties découverte de la nature, complétées par la visite libre de l'espace d'exposition.

Musée des marais salants
✉ pl. Adèle Pichon, Batz-sur-Mer
☎ 02 40 23 82 79 @ www.museedes-maraissalants.fr ⌚ mar.-dim. 10h-12h30 et 14h-17h (durant les vac. scol. jusqu'à 18h) ; juil.-août : t.l.j. 10h-19h
€ 5 € (3-4 €, gratuit pour les –13 ans)

Terre de sel – viste guidée des marais salants @ www.terredesel.fr
⌚ t.l.j., nov.-déc. : 10h-13h, 14h-17h30 ; fév. : 10h-18h ; avr.-juin et sept.-oct. : 10h-18h30 ; juil.-août : 9h-19h30
€ le prix dépend de la durée de visite : 10,50-14,50 € (4-8 €)

Parmi les attractions de la région il y a la promenade en chaland.

Maison des Paludiers
18, rue des prés Garnier, Guérande
@ www.maisondespaludiers.fr

Suite à une prise de conscience de la fragilité des marais salants et de la nécessité de protéger ce milieu, les paludiers créent en 1972 le groupement des Producteurs de Sel. Basant leur stratégie sur un développement durable et solidaire et l'obtention d'un produit de qualité, ils reçoivent le Label Rouge en 1991. En 1997, la coopérative commercialise 100% de sa production et devient totalement indépendante.

Les Salines de Guérande produisent en moyenne 10000 tonnes de sel par an, que la coopérative commercialise sous différentes formes. On peut acheter le sel directement aux fabricants (Le Mulon de Pen Bron de Philippe Constant, producteur indépendant, www.lemulondepenbron.com, route de Pen Bron, Guérande, tél. 02 40 15 64 28) où à la boutique de l'association Terre de sel où on trouve gros sel, sel fin, sels aromatisés aux herbes ou aux algues et bien sur la fleur de sel.

5 Guérande

Les Guérandais possèdent une expression mystérieuse exprimant la situation particulière de la cité : « entre Pays Blanc et Pays Noir ».

Blanc – pour le sel des marais salants, noir – pour la tourbe de Brière.

Guérande offre un visage d'ancienne cité médiévale fortifiée avec la totalité de ses remparts. Ils remontent au XIVe s. et ceinturent la ville sur presque 1 500 m : cette imposante construction fortifiée comprend 10 tours et 4 portes d'entrée. Au XVIIIe s., le duc d'Aiguillon, commandant en chef de Bretagne, fit combler la partie sud des fossés et aménager une promenade que l'on peut suivre en voiture ou à pied. La monumentale porte Saint-Michel, flanquée de deux tours, marque l'entrée principale de la cité.

Dans la ville close se cachent des maisons à pans de bois et d'anciens

Le système de trappes contribue à la circulation et à l'évaporation de l'eau.

hôtels particuliers, comme les manoirs du Tricot ou de la Prévôté. Au cœur de la cité se dresse la collégiale Saint-Aubin (XIIe-XVIe s.). Sa façade occidentale en granit comporte une rare chaire à prêcher du XVe s. À l'intérieur de la collégiale, on remarquera les imposants piliers de la nef ornementés de chapiteaux à décor floral et les stalles en bois sculpté, datant de 1650.

6 Piriac-sur-Mer

Le petit port abrite d'anciennes et belles maisons de granit âgées de plus de 300 ans.

Le village, typiquement breton, attire par ses ruelles étroites et ses placettes fleuries d'hortensias et de roses trémières. La particularité du port est l'accès de son bassin à flot qui se fait par un seuil basculant qui s'ouvre et se ferme au rythme des marées.

Le littoral qui s'étend sur 9 km est bordé par 5 grandes plages de sable fin, des criques et des sentiers de promenade. Il constitue un véritable pôle d'animation avec une école de voile, un centre aquatique et la possibilité de balades en mer ou de baignade.

Piriac-sur-Mer a gardé des vestiges de son occupation gallo-romaine, qui ont fait l'objet de fouilles en 2005. Elles ont mis en évidence la « villa du Pladreau », un ancien domaine agricole (IVe-Ier s. av. J.-C.).

Les jardins de la mairie abritent un menhir appelé « pierre de Méniscoule ». La roche appelée « tombeau d'Almanzor », située à la pointe du Castelli, est supposé être un ancien autel sacrificiel druidique. On y accède par un sentier côtier qui suit la crête de la falaise (uniquement à marée basse).

7 Parc naturel régional de Brière ★

Deuxième marais de France après la Camargue, la Brière est surnommée « Pays Noir » à cause de la tourbe.

Le parc occupe une ancienne zone autrefois régulièrement envahie par les eaux. Le marais de Brière se compose principalement de roselières, de canaux parsemés d'îlots

Parmi les oiseaux du Parc, on trouve p. ex. la spatule blanche.

(7 au total) et de prairies humides habitées par de nombreuses espèces (la belette, l'hermine, le lièvre, le héron, le combattant ou le hibou des marais).

Longtemps, les hommes ont trouvé dans ce milieu unique de quoi pêcher, chasser, se chauffer et construire leur habitat traditionnel, la chaumière briéronne. Ils possédaient le droit exclusif d'exploiter le roseau et la tourbe grâce à un statut particulier offert par le duc François II de Bretagne en 1461. Certaines activités perdurent encore : pratique de la pêche et de la chasse, ramassage des roseaux et des joncs ou élevage.

Situé dans la commune de Saint-Lyphard, le village de Kerhinet replonge le visiteur à l'époque où les gens vivaient de l'extraction de la tourbe. C'est un hameau entièrement restauré. Il abrite 18 chaumières, un lavoir et un four à pain ainsi qu'une boutique d'artisanat et un musée consacré au métier de chaumier et à l'habitat briéron. Un sentier d'interprétation permet de découvrir les us et coutumes des anciens habitants. Des visites guidées sont proposées au départ de la Maison du Parc (Office de Tourisme) et un marché aux produits du terroir a lieu tous les jeudis en été.

La gastronomie n'est pas non plus négligée : canard, brochet et anguille sont quelques-unes des spécialités briéronnes.

Parc naturel régional de Brière
@ www.parc-naturel-briere.com
Maison du Parc (Office de Tourisme)
✉ Kerhinet, Saint-Lyphard
🕘 basse saison : lun.-sam. 10h-13h et 14h-18h, dim. et j.f. 15h-17h ; haute saison : lun.-sam. 10h30-12h30, 14h-18h, dim. et j.f. 10h-13h et 15h-17h ℹ location de vélos adultes, junior, enfants et de sièges infant : 10 € (7 €) une demie-journée
Musée du Chaume
✉ Kerhinet, Saint-Lyphard
🕘 avr.-juin : 14h30-18h30 ; juil.-sept. : 10h30-13h et 14h30-18h30

Reliée à la route par deux ponts, l'île de Fédrun est l'une des 7 îles de l'archipel du marais. On y accède par la D50 depuis Saint-Joachim au nord ou Saint-Malo-de-Guersac au sud. Chaque maison du village située sur la bordure extérieure de l'île dispose d'un accès au marais (appelé la « curée »). Les visiteurs peuvent également découvrir les marais en chaland.

C'est au petit matin ou au crépuscule que l'on a la chance d'observer le plus d'animaux. Le tour de l'île se fait à pied ou à vélo. Au n°182 de la rue du Pouët, la Maison de la Mariée rappelle le travail des ouvrières de Saint-Joachim qui confectionnaient les couronnes de fleurs d'oranger pour les mariées. L'île compte plusieurs restaurants et maisons d'hôtes.

Brocéliande et pays de Redon

L'Oust, l'Aff et la Vilaine ont façonné trois vallées boisées. Ces cours d'eau sont le fil conducteur de ce magnifique territoire.

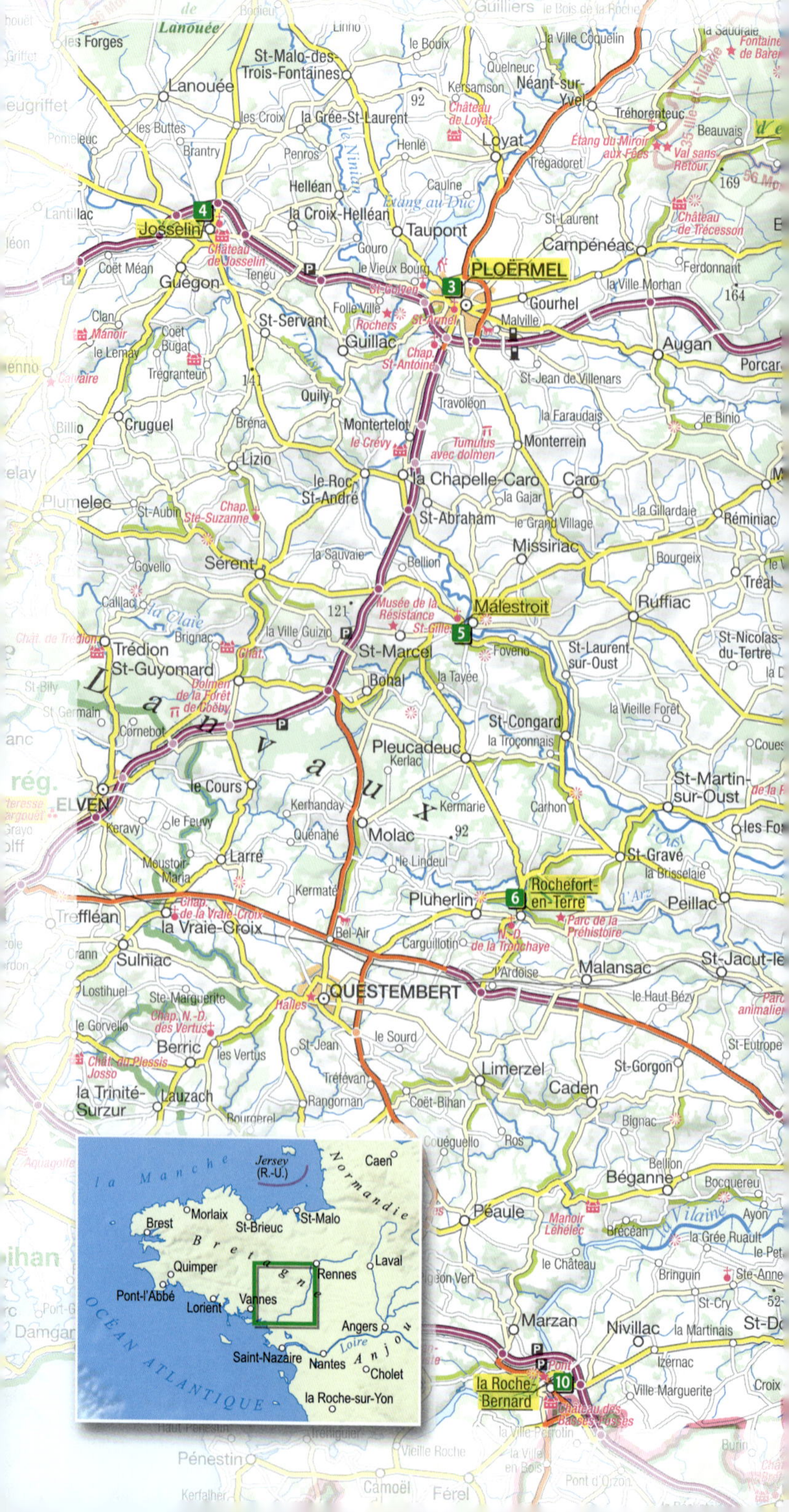

Lanouée
les Forges
St-Malo-des-Trois-Fontaines
la Grée-St-Laurent
le Ninian
le Bouix
Quelneuc
Kersamson
Néant-sur-Yvel
la Ville Coquelin
Tréhorenteuc
Château de Loyat
Loyat
Étang du Miroir aux Fées
Val sans Retour
Trégadoret
Beauvais
Henlé
Penros
les Buttes
Brantry
les Croix
Helléan
Cauline
Étang au Duc
la Croix-Helléan
Taupont
Josselin
Château de Josselin
Coët Méan
Guégon
Gouro
le Vieux Bourg
PLOËRMEL
St-Colven
Folle Ville
Rochers
St-Armel
Gourhel
Malville
St-Laurent
Campénéac
Château de Trécesson
Ferdonnant
la Ville Morhan
Augan
Porcaro
Teneu
St-Servant
Guillac
Chap. St-Antoine
l'Oust
Clan
Manoir
le Lemay
Coët Bugat
Trégranteur
Calvaire
Quily
Bréna
St-Jean de Villenars
Travoléon
la Faraudais
Cruguel
Montertelot
le Crévy
Tumulus avec dolmen
Monterrein
le Binio
Lizio
le Roc-St-André
la Chapelle-Caro
Caro
la Gajar
Plumelec
St-Aubin
Chap. Ste-Suzanne
St-Abraham
le Grand Village
la Gillardaie
Réminiac
Missiriac
Sérent
Govello
la Sauvaie
Bellion
Bourgeix
Tréal
Callac
la Claie
Musée de la Résistance
St-Gilles
Malestroit
Ruffiac
Trédion
Brignac
la Ville Guizio
St-Marcel
Foveno
St-Laurent-sur-Oust
St-Nicolas-du-Tertre
St-Guyomard
Dolmen de la Forêt de Cöeby
Bohal
la Tayée
la Vieille Forêt
Cornebot
Lanvaux
St-Congard
la Troconnais
Pleucadeuc
Kerlac
ELVEN
le Cours
Kerhanday
Kermarie
Carhon
St-Martin-sur-Oust
les Fougerêts
Keravy
le Feuvy
Quénahé
Molac
le Lindeul
St-Gravé
la Brisselaie
Moustoir-Maria
Larré
Kermaté
Pluherlin
Rochefort-en-Terre
Peillac
Trefféan
Chap. de la Vraie-Croix
la Vraie-Croix
Bel-Air
Carguillotin
N.-D. de la Tronchaye
Parc de la Préhistoire
Sulniac
l'Ardoise
Malansac
St-Jacut-les-Pins
Lostihuel
Ste-Marguerite
QUESTEMBERT
Halles
le Haut Bézy
Chap. N.-D. des Vertus
le Gorvello
le Sourd
Berric
les Vertus
St-Jean
St-Gorgon
St-Eutrope
Chât. du Plessis Josso
Limerzel
Caden
la Trinité-Surzur
Lauzach
Tréfévan
Rangornan
Coët-Bihan
Bignac
Couëguello
Ros
Béganne
Bellion
Bocquereu
Péaule
Manoir Léhélec
Brécéan
la Vilaine
la Grée Ruault
le Château
Bringuin
Ste-Anne
St-Cry
Marzan
Nivillac
la Martinais
St-Dolay
Izernac
la Roche-Bernard
Pont
Ville Marguerite
Château des Basses Fosses
la Ville Perrotin
la Ville en Bois
Pont d'Orzon
Pénestin
Camoël
Férel
Vieille Roche
Kerfalher
Croix
Guilliers
la Mancha
Jersey (R.-U.)
Caen
Normandie
Brest
Morlaix
St-Brieuc
St-Malo
Bretagne
Quimper
Rennes
Laval
Pont-l'Abbé
Lorient
Vannes
Angers
Anjou
Loire
Saint-Nazaire
Nantes
Cholet
la Roche-sur-Yon
Océan Atlantique

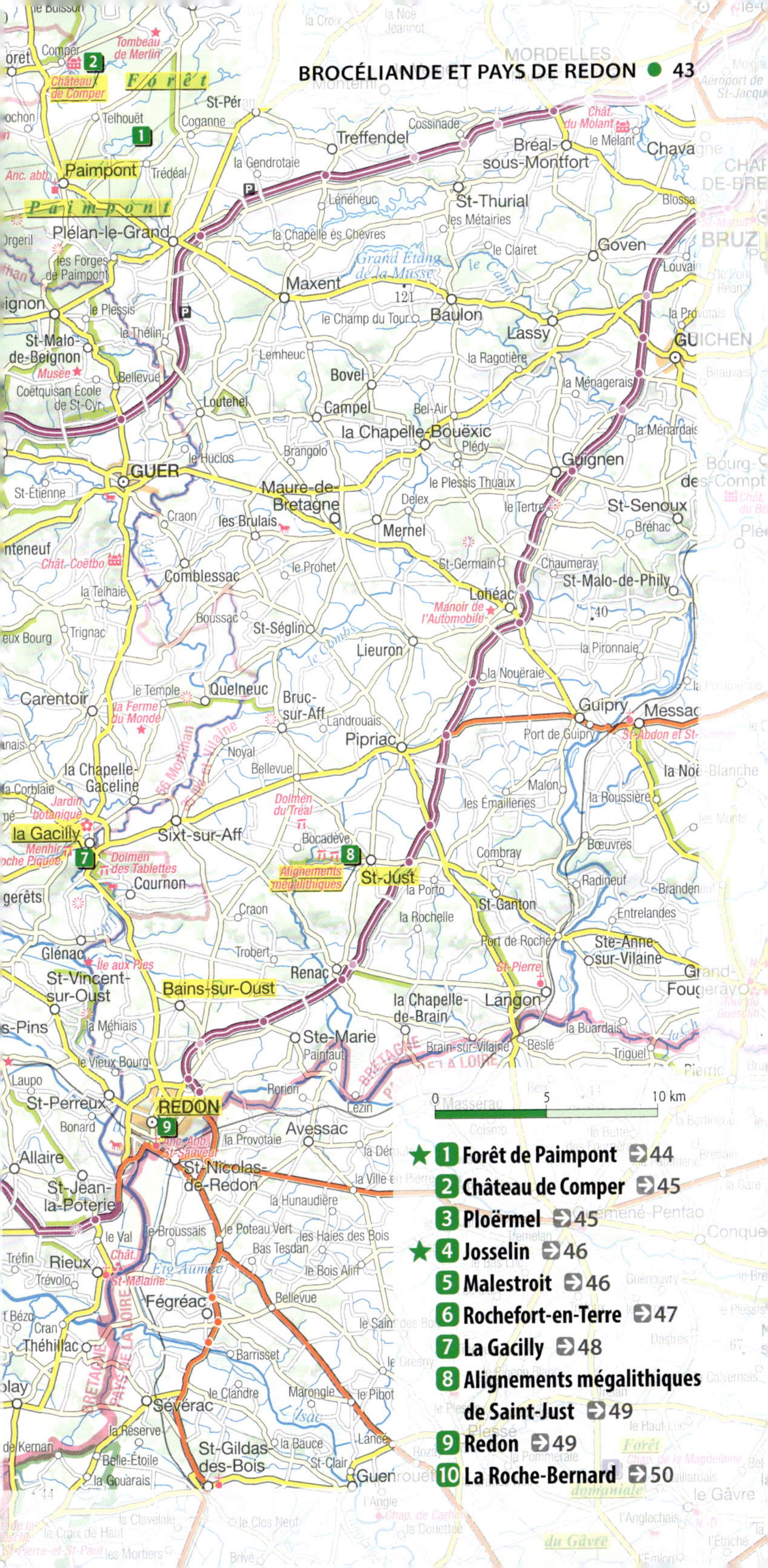

Forêt
Paimpont
Château de Comper
Tombeau de Merlin
Plélan-le-Grand
Treffendel
Bréal-sous-Montfort
St-Thurial
Maxent
Baulon
Goven
Lassy
Guichen
Bovel
Campel
la Chapelle-Bouëxic
Guer
Maure-de-Bretagne
Guignen
Mernel
Lohéac
Manoir de l'Automobile
St-Senoux
St-Malo-de-Phily
Comblessac
St-Séglin
Lieuron
Carentoir
Quelneuc
Bruc-sur-Aff
Pipriac
Guipry
Messac
la Chapelle-Gaceline
la Gacilly
Sixt-sur-Aff
Dolmen du Tréal
Alignements mégalithiques
St-Just
Cournon
Renac
Bains-sur-Oust
St-Vincent-sur-Oust
Langon
Ste-Marie
Redon
Avessac
St-Nicolas-de-Redon
Rieux
Fégréac
Théhillac
Sévérac
St-Gildas-des-Bois
Guenrouet
Ste-Anne-sur-Vilaine
0 5 10 km

La Fontaine de Barenton et le tombeau de Merlin sont des lieux légendaires de Brocéliande.

1 Forêt de Paimpont ★

Lieu mythique des légendes de la Table Ronde, Brocéliande est assimilée à la forêt de Paimpont.

Le plus grand massif forestier de Bretagne abrite des paysages variés. À l'ouest, « la haute forêt » domine la région du haut de ses 255 m, où les landes alternent avec les futaies de résineux. À l'est, la basse forêt est constituée en majorité de chênes et de hêtres. Une série d'étangs parsème la zone. La faune est formée de cervidés et d'oiseaux migrateurs.

Brocéliande est un haut lieu des légendes arthuriennes. Le Val sans Retour est une dépression située près de Tréhorenteuc, où la fée Morgane, trahie par son amant, retenait prisonniers les chevaliers infidèles, rendus libres par Lancelot, fidèle à la reine Guenièvre. L'Arbre d'Or, situé à l'entrée du Val, est une œuvre d'art de François Davin, qui symbolise la renaissance de la forêt après le terrible incendie de 1990. Recouvert de feuille d'or, il est entouré par cinq arbres calcinés qui représentent la fragilité de la nature.

L'étang du Miroir aux Fées est un lieu où vivaient sept fées qui avaient fait le serment de ne plus jamais se montrer aux hommes. Elles aimaient admirer leur reflet dans l'eau.

Aux alentours de Folle-Pensée se trouve la Fontaine de Barenton, dont les pouvoirs merveilleux permettaient de déclencher des tempêtes. Le site est accessible uniquement à pied.

Au nord de la forêt se situe une allée couverte datant du néolithique. La légende en fait le tombeau de Merlin.

i la forêt est à découvrir aussi en voiture car elle est traversée par de nombreuses voies, mais plusieurs sites ne sont accessibles qu'à pied ; certains châteaux étant privés, il est mieux de se renseigner sur une éventuelle visite avant le départ

Les Forges de Paimpont (1653-1884), situées au bord de l'étang des Forges, fournissaient l'arsenal de Brest, celui de Rennes, mais aussi la société des chemins de fer. Aujourd'hui, sur le site subsistent les deux hauts fourneaux, le laminoir, aménagé en salle de réception, ainsi qu'un hameau pittoresque, comprenant des logements d'ouvriers, deux chapelles et une maison de maître.

2 Château de Comper

Le château de Comper, à l'orée de la forêt de Paimpont, accueille le Centre de l'Imaginaire Arthurien.

Cette ancienne forteresse des Montfort est, dès le XIIIe s., considéré comme l'une des plus fortes positions de Haute Bretagne. À l'origine, le château était fortifié et se composait de quatre tours d'angle reliées par des courtines. Il ne reste que deux tours, entourées de fosses. À l'intérieur, les cheminées retiennent l'attention.

La beauté du site tient à son cadre naturel. Bordé par les arbres et les étangs, le château semble émerger des eaux. Dans le parc, de nombreuses espèces d'arbres et de plantes s'épanouissent. Depuis des siècles, les murs de la forteresse abritent des histoires et des légendes : le lac cacherait le palais de cristal de la fée Viviane.

Le Centre de l'Imaginaire Arthurien présente des expositions sur l'univers celtique ou les créatures fantastiques et propose des activités tout au long de l'année.

Château de Comper – Centre de l'Imaginaire Arthurien ✉ Concoret ☎ 02 97 22 79 96 @ www.centre-arthurien-broceliande.com ⌚ avr.-nov. hors vac. scol. : sam.-dim. 11h-18h ; vac. scol. t.l.j. : 11h-18h € 9€ (7€, gratuit pour les –4 ans)

3 Ploërmel

Fondée au VIe s. par le moine anglais saint Arthmael, Ploërmel connaît un important essor aux temps des ducs de Bretagne.

De son passé médiéval la ville garde un morceau des remparts du XIIe s. et le cloître des Carmes, fondé par le duc Jean II au XIIIe s. Détruit pendant les guerres de la Ligue en 1592, il est reconstruit au XIXe s. et seule la colonnade de 1604 subsiste.

Dans les ruelles de l'ancienne ville close, on admire la maison des Marmousets (1586) au n°7, rue Beaumanoir, avec sa façade en bois ornée de sculptures, ou l'hôtel des ducs de Bretagne (XIIe s.), situé en face.

Au nord de Ploërmel, l'étang au Duc est alimenté et traversé par la rivière Yvel. Il accueille un club nautique, où l'on peut pratiquer le canoë-kayak et la voile, ainsi qu'un terrain de golf, un court de tennis, des plages surveillées et des circuits de randonnées, sans oublier le circuit des Hor-

↑ On peut revivre l'époque celtique lors des animation ou dans des villes comme Ploërmel.

↑ L'histoire de la région est racontée par la peinture et par l'architecture.

tensias agrémenté de 4 900 fleurs de plus de 500 variétés différentes.

À env. 6 km au nord de Ploërmel se trouve le château de Loyat, forteresse du début du XVIe s. Il est entouré d'un parc à la française reliant entre eux plusieurs étangs et ruisseaux. Le site est ouvert à la visite guidée entre juillet et août sur rendez-vous, www.chateau-loyat.com.

4 Josselin ★

Étape capitale sur la route des ducs de Bretagne, Josselin est une cité médiévale fondée au XIe s. par le vicomte du Porhoët.

Josselin s'organise autour du château des Rohan qui élève ses tours féodales au-dessus de l'Oust canalisé. Dans la cour, la bâtisse présente des jardins à la française et une façade de granit ornée de sculptures (une des premières de style Renaissance en France, dont les motifs décoratifs présentent des accolades, des feuilles frisées, des pinacles et des couronnes). Elle forme un contraste saisissant avec les fortifications extérieures.

L'intérieur abrite du mobilier prestigieux (surtout la salle à manger). À remarquer la statue équestre du connétable Olivier de Clisson (1892), et la cheminée du XIXe s. avec la devise des Rohan, « A PLUS ». Les anciennes écuries du château renferment une collection de poupées.

Dans la ville, la basilique Notre-Dame-du-Roncier (gothique flamboyant, XIe s.), doit son nom à une statue de la vierge qu'un paysan aurait découverte sous les ronces de son champ.

Autour de l'église, les rues sont bordées de maisons pittoresques. Rue de Clisson se situe l'un des derniers exemplaires de maison à porche dans le Morbihan.

Château de Josselin ✉ place de la Congrégation, Josselin ☎ 02 97 22 36 45 @ www.chateaudejosselin.com 🕘 avr.-mi-juil., sept. : t.l.j. 14h-18h, mi-juil.-août : t.l.j. 10h-18h, oct. : sam.-dim. 14h-18h, nov.-mars fermé € visite guidée du château et accès aux jardins 14,80 € (7 €) ; visite libre au musée 10,80 € (5,50 €), gratuit pour les –7 ans

5 Malestroit

Cette ancienne baronnie doit sa prospérité au travail du cuir et au commerce du chanvre.

Malestroit conserve de pittoresques maisons à pans de bois sculptés et à étages qui se groupent principalement autour de l'église Saint-Gilles et sur la place du Bouffay. Évoquant les fabliaux du Moyen Âge, certaines façades présentent des sujets humo-

Seul le parc du château de Rochefort-en-Terre est visitable.

ristiques : on remarquera particulièrement la maison dite « du Pélican » (XVe s.) et la maison de la « Truie qui file » (XVIe s.).

L'église Saint-Gilles, mêlant roman et gothique, abrite de magnifiques vitraux des XVe et XIXe s. La rue au Froment, la rue aux Anglais et la rue des Ponts, bordées de charmantes demeures, valent aussi le détour.

Malestroit doit à sa rivière (l'Oust) un cadre verdoyant, véritable havre de paix pour les amoureux de la nature.

La sculpture de la maison de la « Truie qui file » évoque une histoire assez insolite. D'après la légende, une bergère s'en allait garder ses moutons quand un seigneur mal intentionné tenta de profiter de son innocence. La jeune fille invoqua la Vierge et se transforma alors en une truie repoussante. Pour d'autres, les origines de la « Truie qui file » proviendraient d'un fait divers qui se serait passé à Paris en 1466. Un charlatan donnait sur la place de Grève des représentations burlesques mettant en scène sa truie, qu'il avait dressée à tenir d'une patte la quenouille, et de l'autre patte le fuseau. L'adresse de l'animal ne pouvait être que l'œuvre du diable ! Le pauvre homme fut condamné à être brûlé vif avec sa truie.

6 Rochefort-en-Terre

Grâce à son patrimoine superbement mis en valeur, la ville est aujourd'hui une véritable « Petite Cité de Caractère ».

Place forte dès le XIIe s., le village se développe entre le XVe s. et le XVIIe s. Maisons à pans de bois, demeures Renaissance, fontaines fleuries, façades du XIXe s., anciens lavoirs et bâtiments de style gothique se mélangent de façon harmonieuse. Toute l'année, la ville s'anime avec ses crêperies, ses galeries d'arts, et ses boutiques d'artisanat. Sur la place du Puits, géraniums et lierres décorent les balcons et les façades de granit.

La cité fleurie de La Gacilly est réputée pour son festival de photographie.

Devenue collégiale à la fin du XVe s., l'église Notre-Dame-de-la-Tronchaye (XIIe, XVe et XVIIe s.) présente une façade à pignons. Le chœur renferme des stalles du XVIe s. et un retable Renaissance (1610) en tuffeau polychrome. Sur le parvis de l'église se trouve un calvaire avec des scènes de la Passion.

Reconstruit au début du XXe s. par le peintre Alfred Klots, le château de Rochefort (XIIIe s.) est constitué par les anciens communs du XVIIe s. transformés en manoir. Il accueille ponctuellement des expositions d'art. Un musée des arts de l'imaginaire fantastique (Naïa Museum), très apprécié, y a également été aménagé (4-6 €). La visite du parc est gratuite.

Château de Rochefort-en-Terre
14, rue du Château, Rochefort-en-Terre

7 La Gacilly

Ce village fleuri est surtout connu pour être le berceau de la marque de cosmétiques Yves Rocher.

La ville s'est développée avec l'activité d'Yves Rocher, pionner de la cosmétique végétale avec son entreprise fondée en 1959. Dans sa ville natale et dans les alentours, il implante ses sites de productions, ses laboratoires cosmétiques ainsi que des champs biologiques. Sur le site industriel de la marque, le Jardin Botanique rassemble plus de 1 100 espèces végétales classées par domaines d'utilisations, avec une collection unique d'armoises et de sauges.

Jardin Botanique
La Croix des Archers, La Gacilly
www.jardinbotanique-yvesrocher.fr
entrée libre

Beaucoup d'artisans d'art se sont installés dans les ruelles fleuries de La Gacilly : ils travaillent la terre, le bois, le verre, la cire et réalisent de nombreux objets que l'on peut admirer (et acheter) dans leurs ateliers et galeries.

Depuis 2003 le Festival Photo Gacilly est un festival en plein air, avec des expositions de photographes internationaux sur des thèmes liés à la place de

l'homme dans son environnement. Rendez-vous à La Gacilly, à partir du juin jusqu'au fin septembre (www.festivalphoto-lagacilly.com). dans les rues, les parcs et les jardins de la ville.

8 Alignements mégalithiques de Saint-Just

La densité et la diversité de ces monuments placent le site en deuxième position en Bretagne, après Carnac.

Les monuments, édifiés entre 4500 et 1500 ans av. J.-C. et situés sur près de 6 km de long, se rencontrent surtout sur une crête appelée la Grée de Cojoux. Un sentier de randonnée permet de circuler entre les menhirs et d'apprécier la végétation de cet endroit splendide, classé « Espace Naturel Sensible ».

Durant la promenade, on observe les alignements du Moulin, les Demoiselles, le Château Bû, le tumulus de la Croix Saint-Pierre et le Four Sarrazin. Les Demoiselles seraient trois jeunes filles pétrifiées pour avoir préféré danser au lieu de se rendre à la messe. Le Château Bû est un tumulus de 35 m sur 25 m supportant quatre blocs de quartz. Le chemin finit sur une falaise abrupte qui surplombe la rivière du Canut. Près du hameau de Bocadève, l'allée couverte de la lande de Tréal est une sépulture isolée, située au sommet d'une colline.

En été, des visites guidées au clair de lune, des soirées contées et des ateliers nature sont proposés par la Maison Mégalithes et Landes.

Maison Mégalithes et Landes
✉ 10, allée des Cerisiers, Saint-Just
@ www.megalithesetlandes.com
🕘 horaires variables, à vérifier sur le site web € 5 € (3 €, entrée gratuite pour les –12 ans)

↑ Les mégalithes de Saint-Just s'étendent dans les Landes de Cojoux.

9 Redon

Située au confluent de l'Oust et de la Vilaine, Redon était un port actif aux temps de la canalisation de la région.

Déjà occupé à la période gallo-romaine, le site se développe en 832 avec la fondation de l'église Saint-Sauveur, un important centre de pèlerinage jusqu'au XVIIe s.

L'extérieur de l'abbaye attire le regard par la tour romane à arcades qui coiffe le transept et le clocher roman du XIIe s. En entrant dans l'édifice, on est surpris par l'amplitude de la nef romane (XIe s.), supportée par de gros piliers. Depuis l'incendie de 1780, le clocher gothique du XIVe s. est séparé de l'église.

Dans la vieille ville, on découvre des maisons des XVIe, XVIIe et XVIIIe s., dont certaines sont à pans de bois. Le long du quai Duguay-Trouin subsistent des demeures d'armateurs ou de négociants (XVIIe et XVIIIe s.).

À env. 3 km au nord de Redon, l'Île aux Pies, formée par l'Oust, est une cluse située dans un environnement remarquable et préservé. Du côté de Saint-Vincent-sur-Oust, les falaises rocheuses invitent à l'escalade. On peut également, à la base de loisirs de Saint-Vincent-sur-Oust, louer des canoës pour une promenade d'une heure ou d'une journée et faire le tour des dizaines d'îlots verdoyants qui parsèment la rivière.,

Abbaye Saint-Saveur de Redon
place Saint-Sauveur 02 99 71 06 04 visite libre toute l'année ; visite guidée pendant les vac. scol. (réservation conseillée)

En octobre, la grande Foire de La Teillouse célèbre le marron, que la région redonnaise produit en abondance. De nombreux commerçants sont présents et c'est l'occasion de déguster de délicieux produits du terroir comme les bières à la châtaigne, les fromages fermiers, le cidre ou les pommes.

La Bogue d'Or est un festival de culture gallèse, avec des concours de chants, de musiques et de contes traditionnels qui se tient à Redon le dernier week-end d'octobre.

10 La Roche-Bernard

Le viking Bern-Hart le premier remarqua la position stratégique du site et décida d'y édifier un château.

Accroché sur un promontoire rocheux, la ville possède un charme dû à sa situation géographique. La vieille ville est parcourue par des promenades qui débouchent sur des belvédères offrant des vues à pic. Beaucoup de demeures sont construites

Le bagad Nominoë du Pays de Redon participe avec succès à maints concours.

à flanc de rocher, la ville formant un dédale de ruelles et venelles en pentes. La rue de la Quenelle, bordée de maisons avec fenêtres de style Henri IV taillées dans le tuffeau, débouche sur la place du Bouffay où se trouvent la Maison du Canon, un hôtel particulier Renaissance (auj. hôtel de ville), et l'auberge des Deux-Magots avec une façade remarquable ornée de sculptures des singes.

La Roche-Bernard est appréciée pour son port, où, du XVIe au XIXe s., les navires venaient décharger le sel, le vin et la chaux. Les anciens entrepôts, les greniers à sel ou encore le château des Basses-Fosses (XVIe s.) et ses caves témoignent de cet ancien commerce.

Le parc de Branféré (www.branfere.com), situé env. 16 km à nord-est de la Roche-Bernard est un domaine comprenant un parc animalier et botanique et le Parcabout, un parcours acrobatique. Ici, évoluent plus de 120 espèces animales parmi lesquelles des lémuriens de Madagascar, des pandas roux, des wallabies, des aras, des cigognes blanches, des flamants du Chili et des pélicans.

Golfe du Morbihan et Côte des Mégalithes

La façade littorale du Morbihan, avec son golfe et sa multitude d'îles et d'îlots, offre mille visages. C'est aussi un haut lieu du mégalithisme.

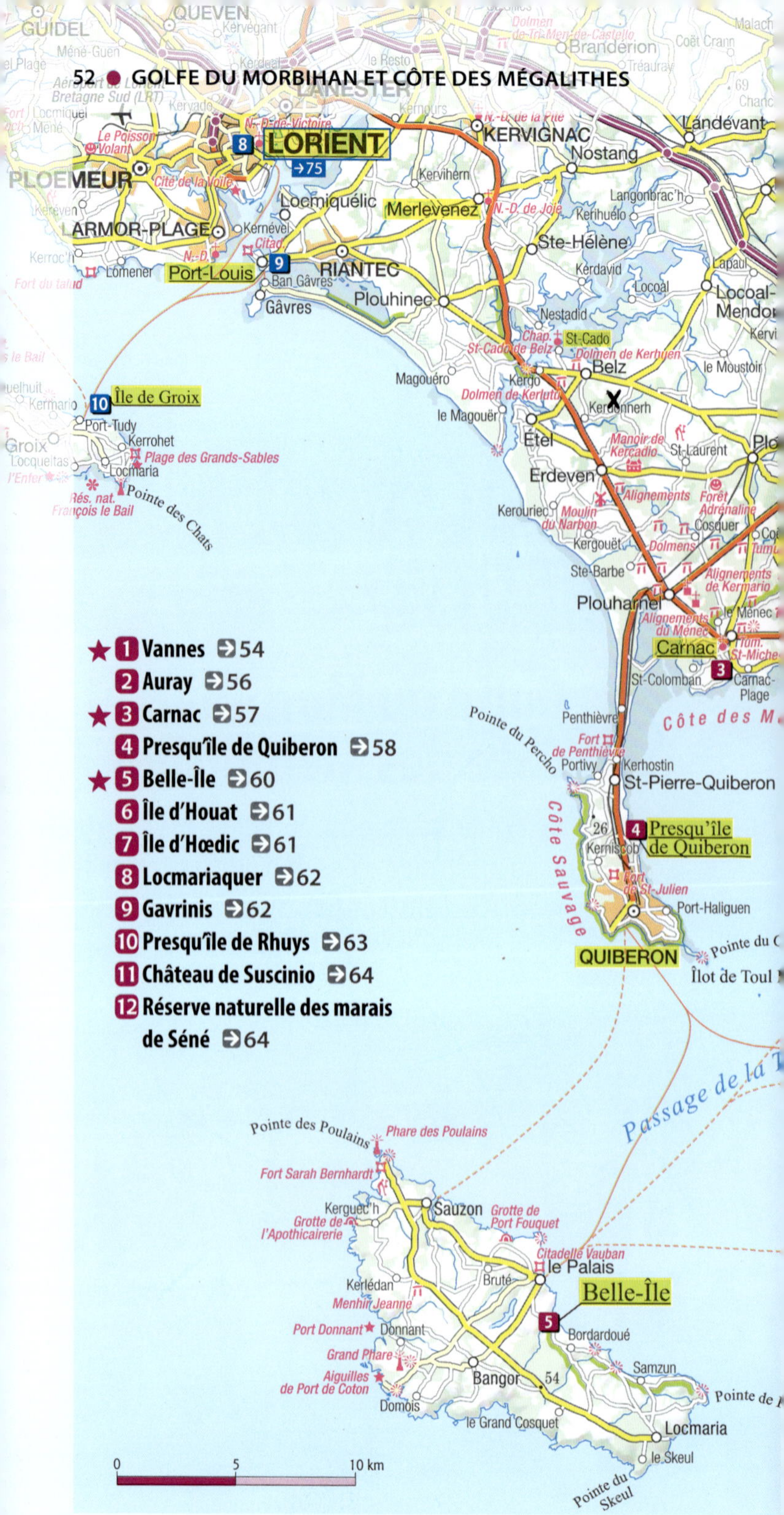

★ 1 Vannes ➲54
2 Auray ➲56
★ 3 Carnac ➲57
4 Presqu'île de Quiberon ➲58
★ 5 Belle-Île ➲60
6 Île d'Houat ➲61
7 Île d'Hœdic ➲61
8 Locmariaquer ➲62
9 Gavrinis ➲62
10 Presqu'île de Rhuys ➲63
11 Château de Suscinio ➲64
12 Réserve naturelle des marais de Séné ➲64

PLUVIGNER
Brandivy
Grand-Champ
le Pont du Loc'h
Plaudren
le Poteau
St-Trémeur
le Veniel
Plumergat
Langroëz
Chap. N.-D. de Burgo
Locmaria-Grand-Champ
Locqueltas
Morboulo
Monterblanc
Calan
Moustoir des Fleurs
146
BRECH
Locmaria
Nécropole nationale
Ste-Anne-d'Auray
St-Dégan
Locmiquel
Meucon
Berval
Mangolérian
Parc naturel ré
Camp des Martyrs
Chartreuse
Mériadec
Camp romain
St-Nolff
Plescop
Chap. N.-D. du Loc
ST-AVÉ
PLUNERET
Béléan
AURAY
2
Kerluhern
St-Guen
Diliec
Locmaria
Chap.
St-Avoye
Plougoumelen
PLOEREN
VANNES
1
→55
Remparts
Bohalgo
Meudon
Le P'tit Délire
N.-D. de Béquerel
Stella Maris
Tumulus du Rocher
Bono
Conleau
Aquarium
Crach
Kercado
Baden
le Moustoir
Kerguen
ARRADON
SÉNÉ
du Golfe
THEIX
Kersoulard
Kerdaniel
le Guern
Cadouarn
Kerisper
Moustérian
12
Noyalo
St-Philibert
Île-aux-Moines
Pennéro
Rés. nat. des marais de Séné
Kerouarc'h
Larmor-Baden
Île-d'Arz
Montsarrac
la Trinité-sur-Mer
Kergonan
de la Nativité
9
Île aux Moines
Pierre de la Fée et Table des Marchand
Cairn
Gavrinis
Golfe du Morbihan
le Hézo
Locmariaquer
Penhap
17
Réserve ornithologique
Surzur
8
Kerners
St-Armel
Arzon
Lasné
Le Bonheur des Gosses
Pointe de Kerpenhir
Port-Navalo
Tumulus de Tumiac
le Ruaud
du Morbiha
Brillac
St-Colombier
Kerassel
Tumulus
Chât. de Kerlévenan
le Net
SARZEAU
Kerguet
Baie de Quiberon
Kerdouin
41
le Tour-du-Parc
Banaster
Chât. de Suscinio
Presqu'île de Rhuys
St-Gildas-de-Rhuys
10
11
Suscinio
Celt' Aventures
Abb. de Rhuys
Kerfontaine
le Rohaliguen
Penvins
Penerf
42
Site archéologique
Île-d'Houat
6
Île d'Houat
Île aux Chevaux
7
Île d'Hœdic
Menhir de la Vie
Hœdic
Fort Louis-Philippe
Phare des Grandes Cardinaux
la Manche
Jersey (R.-U.)
Caen
Normandie
Brest
Morlaix
St-Brieuc
St-Malo
Bretagne
Quimper
Rennes
Laval
Pont-l'Abbé
Lorient
Vannes
Angers
Océan Atlantique
Loire
Saint-Nazaire
Nantes
Anjou
Cholet
la Roche-sur-Yon

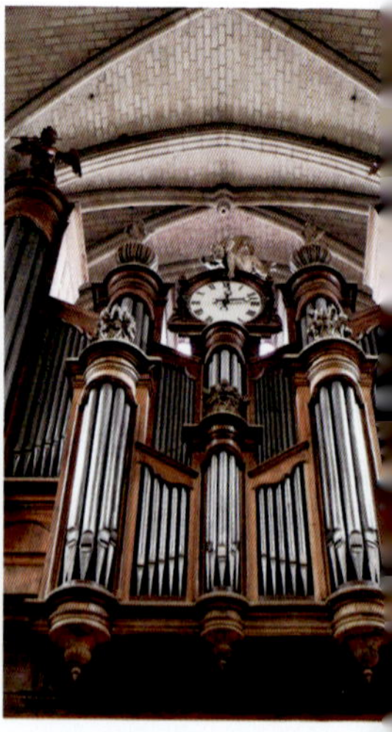

Nichée à l'abri des remparts, mise en valeur de manière splendide, la cathédrale Saint-Pierre de Vannes abrite l'orgue réalisé par Louis Debierre.

1 Vannes ★

Près de deux fois millénaire, la charmante ville de Vannes conserve un étonnant patrimoine architectural.

Créée par les Romains après leur victoire sur les Vénètes, en 56 av. J.-C., Vannes est établie sur le plateau où sont tracées des voies commerciales. Dès le IIIe s., des fortifications sont construites afin de protéger les habitants des invasions barbares. La création de l'évêché remonte au Ve s. Peu à peu, Vannes s'agrandit et devient une importante ville marchande.

Le 4 août 1532, les États de Bretagne, convoqués à Vannes par le roi François Ier, lui adressent une requête. La « lettre de Vannes » visant à préserver les droits de la Bretagne lors de l'union avec la France, sera confirmée par l'édit de Nantes, signé le 13 août de la même anné. De cette façon on évite les guerres entre les deux royaumes.

Durant le XIXe s., l'activité portuaire et l'arrivée du chemin de fer engendrent un important développement urbain. C'est à cette époque que sont créés les lavoirs de la Garenne (1821), les halles de la poissonnerie (1821 et 1880), la préfecture (1865), un bâtiment majestueux de style Louis XIII et l'hôtel de Ville (1886), de style Renaissance italienne.

Située à 5 km au sud du centre de Vannes, la presqu'île de Conleau est une ancienne île du golfe du Morbihan aujourd'hui rattachée à la côte. Considérée comme un quartier de la ville, elle est depuis la fin du XIXe s. dotée d'une piscine d'eau de mer en plein air et d'une plage (allée des Frères Cadoret).

Jazz à Vannes est un festival de jazz avec des tremplins, des jam sessions et des concerts en soirée et en journée, sur plusieurs sites de la ville, qui se déroule la dernière semaine de juillet (www.jazzavannes.fr).

Remparts 1a

Cette enceinte fortifiée érigée par les Romains dès la fin du IIIe s. est l'une des mieux conservées de Bretagne.

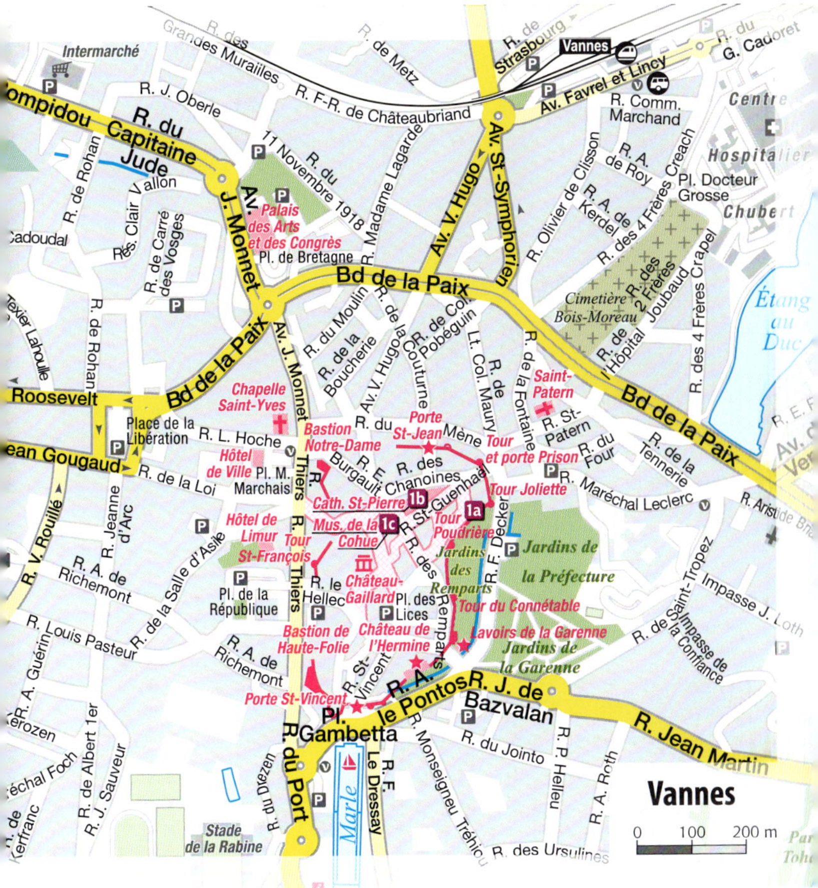

Elle donne sur le Jardin des Remparts, installé dans les anciennes douves et aménagé à la Française. À la fin du XVIe s., l'enceinte est renforcée de bastions pour défendre les fortifications : la Tour du Connétable (XVe s.) est le plus célèbre d'entre eux. Intégré aux remparts, le château de l'Hermine est un fort reconstruit en 1800. Sur la rive droite de la Marle se trouvent les lavoirs de la Garenne, une construction à colombages où les Vannetaises se rendaient jusqu'au début du XXe s. pour laver leur linge et bavarder.

Cathédrale Saint-Pierre 1b

La cathédrale gothique de Saint-Pierre de Vannes fut élevée sur le site d'un ancien édifice roman, dont elle conserve la tour-clocher du XIIe s. Débutée au XVe s., la construction de la cathédrale s'étend jusqu'au XIXe s., moment de l'édification de la façade occidentale, de la flèche et du portail du transept (gothique flamboyant), orné de douze niches destinées à recevoir les statues des apôtres. La nef, constituée de deux étages, comporte dix chapelles latérales. La deuxième chapelle du bas-côté sur la gauche abrite le tombeau de saint Vincent Ferrier. En 1537 fut construite une chapelle ronde de style Renaissance italienne, fait plutôt rare en Bretagne. À l'intérieur de l'ancienne salle capitulaire (1782) se trouve le trésor de la cathédrale, une collec-

Les maisons à colombage, aux couleurs joyeuses, donnent du charme aux ruelles de Vannes.

tion d'objets d'art religieux, parmi lesquels un authentique coffret de mariage en bois du XIIe s. recouvert de parchemin, plusieurs crosses en ivoire et une croix reliquaire en or et vermeil du XIIe s.

Cathédrale Saint-Pierre
pl. Saint-Pierre, Vannes

Musée des Beaux-Arts – La Cohue 1c

Situé au cœur de la ville, la Cohue est un bâtiment à deux étages édifié au XIIIe s. et agrandi aux XIVe et XVIIe s. Le mot Cohue vient du breton « coc'hug » qui signifie halles : le rez-de-chaussée abritait autrefois de nombreuses échoppes, tandis que l'étage était le siège du palais de la justice ducale jusqu'en 1796. Aujourd'hui, la Cohue accueille le musée des Beaux-Arts, qui présente de précieuses collections d'art moderne et contemporain. Parmi les œuvres les plus célèbres, on remarquera *La Crucifixion* d'Eugène Delacroix, *La Pluie à Belle-Île* de Claude Monet, *La neige* de Jean Frélaut ou *Le mendiant* de Flavien-Louis Peslin. Les collections font l'objet de renouvellements réguliers.

Musée des Beaux-Arts – La Cohue
pl. Saint-Pierre, Vannes
@ www. mairie-vannes.fr/musee-des-beaux-arts oct.-mai : mar.-dim. 13h30-18h ; juin-sept. t.l.j. 13h30-18h € 5 € (3 €, entrée gratuite pour les –25 ans)

2 Auray

À l'extrême fond du golfe du Morbihan, Auray séduit grâce à ses vieux quartiers, ses maisons du XVe s. et son ancien port de pêche.

« Ville d'art et d'histoire » située dans la ria du Loc'h, Auray se divise entre le centre-ville en hauteur et le quartier Saint-Goustan avec son port. Celui-ci, à l'origine de la ville, se développe au début du XVIIe s. Le pont de pierre qui relie les deux rives date du XIIIe s. Endommagé par des tempêtes, il sera plusieurs fois reconstruit et sa forme actuelle à quatre arches date du XVIIIe s.

Avec la construction du port vient une importante période d'activité basée sur les importations de vin, de sel, de cuir et de fer, et les exportations de céréales, de beurre, de poissons et de toiles de Bretagne.

Le port de Saint-Goustan à Auray invite à la flânerie, lors de laquelle, dans le centre-ville, on découvre l'église Saint-Gildas.

L'ancien port de pêche de Saint-Goustan est aujourd'hui le cœur médiéval de la ville. Son quai et ses ruelles pavées bordées de maisons à pans de bois invitent à la flânerie et composent une image pittoresque.

La rue du Château mène depuis la rivière à l'actuel centre-ville. Accessible par la rue du Lait, l'église Saint-Gildas (XVIIe s.) se remarque avec son porche Renaissance. Son retable lavallois de 1664 est réalisé en pierre et en marbre. Les boiseries du XVIIIe s. dans les chapelles latérales retiennent également l'attention. La chapelle du Saint-Esprit (XIIIe et XIVe s.), sur un plan rectangulaire, est le dernier vestige de la commanderie de l'Ordre du Saint-Esprit de Montpellier, un ordre de chevalerie prestigieux.

Un Automne Autrement est une grande fête avec animations autour du patrimoine culturel et naturel du Pays d'Auray. On peut assister à des concerts et spectacles, visiter les expositions, participer aux ateliers et voir des films documentaires. Rendez-vous à Auray, de mi-octobre à mi-novembre.

3 Carnac ★

Les alignements mégalithiques de Carnac comptent près de 3 000 menhirs ainsi que des dolmens et des allées couvertes.

Érigés entre 5 000 et 3 000 ans av. J-C., les alignements sont répartis sur environ 4 km. Nombreuses sont les théories qui tentent d'expliquer leur présence. Le plus souvent on parle de la sépulture, du culte des morts ou du culte solaire.

L'alignement de Kermario compte quelque 1 000 pierres levées, disposées sur 10 files longues d'environ 1 km chacune. Ils mènent au nord à un site arboré sur les restes d'un ancien tumulus de 37 m de long, le quadrilatère du Manio. Sur le plateau du Manio se trouve le Géant du Manio, un menhir de 6 m de haut. Les alignements du Ménec constituent l'ensemble le plus représentatif avec 1 099 menhirs répartis sur 11 files.

Carnac abrite aussi un musée de la préhistoire. Situé dans un ancien presbytère au cœur de la ville, il ras-

Près de 3 000 mégalithes se dressent dans la région de Carnac.

semble des collections d'objets préhistoriques allant du paléolithique inférieur jusqu'à l'époque gallo-romaine. Plus de 6 600 objets retracent toute l'évolution de l'architecture funéraire. On découvre des bijoux en or et des haches polies datant de l'âge de Bronze, des maquettes de villas ou des statuettes datant de la période romaine.

Carnac est par ailleurs une station balnéaire réputée pour ses plages et son exposition au soleil : sa côte est l'une des plus ensoleillées de Bretagne. Les cinq plages de la commune sont bordées par le sentier des douaniers GR 34, qui traverse les bois et longe les côtes rocheuses pour remonter jusqu'aux alignements de Kermario et du Ménec.

Alignements de Carnac

afin de préserver les sites des dégradations et pour éviter le déchaussement des menhirs dû au piétinement, les alignements de Carnac ne sont accessibles qu'entre le 1er oct. et le 31 mars

Musée de Préhistoire

10, pl. de la Chapelle, Carnac

02 97 52 22 04

www.museedecarnac.com

mer.-lun. : nov. et mars 14h-17h30, avr.-oct. 10h-12h30 et 14h-18h, juil.-août 10h-18h30, fermé déc.-jan. (sauf vac. scol.) € 7 € (3 €)

À Carnac, en été sur l'église Saint Cornély, il y a un grand spectacle projection sons et images. Sur des murs de l'église est présenté la légende de Saint Cornély, qui a transformé des soldats en statues de pierre (juin ven.-sam., juil.-août lun., mer., ven.).

4 Presqu'île de Quiberon

Elle est rattachée à la terre par l'isthme de Penthièvre, qui ne mesure que 22 m à son endroit le plus étroit.

La presqu'île de Quiberon est une ancienne île reliée au continent par un cordon de sable ou tombolo qui s'est formé au Moyen Âge, sans doute à cause du déboisement massif entrainant le déplacement du sable vers la baie.

Elle présente deux types de paysages offrant un saisissant contraste. À l'ouest s'étend la Côte Sauvage avec son chaos rocheux : même par temps calme, les vagues viennent s'écraser au pied de ses falaises es-

Le château Turpault s'intègre bien à la côte sauvage de Quiberon.

carpées. L'érosion a façonné de nombreuses grottes ainsi que des criques isolées, interdites à la baignade. À l'est, les plages abritées invitent au repos.

Situé sur la pointe de Beg-er-Lann et visible depuis port Maria, le château Turpault, de style anglo-médiéval (1904) et emblématique de la presqu'île de Quiberon, fut construit par Georges Turpault. Il marque l'extrémité sud de la Côte Sauvage.

Au XIXe s. le confiseur Nicolas Appert découvre la stérilisation des denrées alimentaires par la chaleur : ainsi voient le jour les conserves appertisées. Port Maria, qui fut le premier port sardinier de France dans les années 1950, comptait alors 13 conserveries contre 2 actuellement. La conserverie la Belle-Îloise, située boulevard plein Ouest à Quiberon, se visite gratuitement avec dégustation.

L'extrême sud-est de la presqu'île offre une randonnée très facile qui fait le tour de la pointe du Conguel. Le départ se fait depuis le parking de la pointe. Le chemin très bien entretenu longe les plages, puis les rochers. Sur le chemin on découvre d'anciens fours à goémon, qui servaient au brûlage du varech (algues brunes, rouges ou vertes). Au bout de la pointe on trouve une table d'orientation qui permet de se repérer ; au large, se dressent les silhouettes de Belle-Île, d'Houat et d'Hœdic. Le sentier forme une boucle tout autour de la pointe du Conguel. On peut ensuite prolonger la promenade vers la pointe de Goulvars et traverser le site dans sa largeur vers l'anse du Conguel, en passant par un petit bois et à côté d'un menhir. La balade se termine au port Haliguen après un passage sur les plages de l'anse du Conguel. L'itinéraire fait env. 7,5 km au total pour env. 2 h de randonnée.

Le Spi Ouest-France est une compétition de voile française dans la baie de Quiberon, ouverte aux professionnels et aux amateurs. Elle se tient à La Trinité-sur-Mer, le 3e week-end d'avril (www.ouest-france.fr/spi).

Les charmes de Belle-Île se découvrent lors d'un agréable tour en bateau.

5 Belle-Île ★

Ses falaises déchiquetées et ses criques baignées d'eau turquoise contrastent avec la campagne verdoyante, la lande fleurie et les plages de sable doré.

Le Palais, port principal, est ceint par des remparts et dominé par la citadelle Vauban. Fondée dès le Moyen Âge, puis remaniée en 1683, elle abrite un musée qui raconte l'histoire de Belle-Île et accueille des expositions temporaires. On peut également y séjourner.

Au nord-ouest de l'île, se trouve Sauzon, son deuxième port. Les façades des maisons avec leurs teintes rose et bleu pastel contrastent avec les couleurs jaune vif et violet de la lande au printemps et en été.

Dominée par un phare (1868), la pointe des Poulains se situe à 3,5 km au nord-ouest de Sauzon. Le site fut rendu célèbre par l'actrice Sarah Bernhardt (1844–1923) qui achète le Fort de la pointe en 1894 et le transforme en maison d'habitation. Le fort est labellisé « Maison des Illustres » et abrite un musée retraçant l'histoire de l'actrice.

À l'extrémité ouest de Belle-Île se découvrent les abers sauvages de Ster Vras et de Ster Ouen.

La façade sud de l'île présente un paysage de rochers. Ceux de la grotte de l'Apothicairerie forment un abri pour des oiseaux nicheurs (fulmars boréals, cormorans), et une réserve ornithologique a été créée à cet endroit.

Au sud-ouest de l'île, les aiguilles de Port de Coton sont des rochers pointus s'élevant dans la mer, à admirer depuis le phare de Goulphar ou « Grand phare » (1836), haut de 52 m.

À proximité de Locmaria, la côte sud-est abrite la plage des Grands Sables, appréciée pour son étendue en arc-de-cercle et son sable très fin. À la pointe de Kerdonis, au pied de la falaise, se trouve une petite plage bien orientée et calme.

Citadelle Vauban « Hôtel-Musée »
✉ Le Palais, Belle-Île ☎ 02 97 31 84 17
@ www.citadellevauban.com € 85-200 € pour une chambre double

Fort de la pointe des Poulains – Espace muséographique Sarah Bernhardt
✉ pointe des Poulains, Sauzon, Belle-Île
🕘 avr.-juin et sept. : mar.-ven., dim. : 11h-17h30 ; juil.-août. : t.l.j. 11h-18h ; oct. : jeu.-sam. : 13h30-17h € visite de la villa

et du fort : 6 € (3 €), visite du fort : 2 € (1 €)
Réserve ornithologique de Koh Kastell
✉ Apothicairerie, Sauzon, Belle-Île
☎ 02 97 31 63 67
Phare de Goulphar ✉ Kervilahouen, Bangor, Belle-Île 🕘 avr.-juin, sept. mer.-dim. 11h30-13h, 14h-18h ; juil.-août dim.-ven. 11h-13h, 14h-18h, sam. 13h-18h ; oct. mer.-sam. 13h30-17h
€ 3,50 € (2 €)

6 Île d'Houat

Houat, qui signifie « le canard » en breton, est recouverte en grande partie d'une lande de fougères et d'ajoncs.

C'est une petite île de 5 km de long sur 1,5 km de large. Mis à part le tourisme, la pêche constitue la principale ressource économique de l'endroit.

Le port de Saint-Gildas à l'est de l'île, bordé de dunes, est rythmé par le passage des bateaux de pêcheurs le matin et des navettes en provenance du continent dans la journée. Sur les quais, les casiers s'accumulent, remplis de bars, lieus et crevettes. Le bourg abrite des maisons blanchies à la chaux que l'on découvre en se promenant dans les ruelles étroites, bien protégées des vents. La grande plage de Treac'h er Goured en forme de croissant est la plus réputée pour la baignade.

Un sentier de randonnée fait tout le tour de l'île. Il traverse la lande et permet d'admirer de beaux points de vue qui s'ouvrent sur des plages de sable fin et des criques dissimulées par les falaises. À l'ouest, se trouve la petite plage de Treac'h er Venigued, qui enveloppe la pointe de Tal er Hah, d'où l'on peut apercevoir la petite île Seniz.

Le festival Escales Photos du Mor Braz met en valeur le territoire du Mor Braz et Plouharnel à travers les expositions photographiques grand format en extérieur à Hœdic, Houat, Locmariaquer et Plouharnel (de mi-juin à mi-sept.).

Le phare de Goulphar à Belle-Île est haut de 52 mètres.

7 Île d'Hœdic

Hœdic, « le caneton » en breton, garde une nature intacte et reste assez peu fréquentée des touristes.

Hœdic est séparée de l'île d'Houat par le passage des Sœurs, dangereux et truffé de rochers. L'île, dont les dimensions n'excèdent pas 2,5 km sur 1 km de large, séduit par ses sentiers en bordure de mer permettant de faire le tour complet en 3h environ. La petite île abrite des criques et dévoile des paysages de lande qui se déploient tout autour du bourg, bien intégré à l'environnement avec ses maisons blanches et ses jardins fleuris.

Le Grand menhir brisé, quand il était érigé, mesurait env. 20 m de haut.

8 Locmariaquer

La ville étire ses belles plages de sable fin depuis la pointe de Kerpenhir jusqu'à l'embouchure du Crach.

Locmariaquer est une cité balnéaire : ses plages de sable fin s'étendent sur 25 km, offrant un vaste terrain aux amateurs de sports nautiques.

La commune possède également un patrimoine mégalithique remarquable. Le Grand menhir brisé d'Er Grah, daté de 4500 av. J.-C., est le plus gros bloc connu jamais transporté et dressé par l'homme néolithique : haut d'env. 20 m lorsqu'il était érigé, aujourd'hui il est brisé en quatre morceaux gisant par terre. Les dernières fouilles montrent qu'il était relié à un alignement contenant 18 autres éléments qui constituaient un sanctuaire important.

Long d'environ 12 m, le dolmen de la Table des Marchand est une sépulture qui abrite une dalle de couverture en grès sculpté.

Placé sur le même site, le tumulus d'Er Grah, une sépulture aussi, est un monument de grande dimension (plus de 170 m de long). Mal conservé, il fut victime de pillages.

Site des mégalithes de Locmariaquer
route de Kerlogonan ; accès par la D 781, puis il faut suivre les panneaux indicatifs « Site des mégalithes » ou « Table des Marchand » sept.-avr. : mar.-dim.14h-18h, mai-juin, sept. : 10h-12h et 14h-18h, juil.-août : t.l.j. 9h30-19h
6€ (5€)

Locmariaquer est un haut lieu ostréicole, avec une trentaine d'exploitations. Tous les ans, fin août, on fête l'huître avec de nombreuses animations et dégustations de producteurs.

9 Gavrinis

Le cairn de Gavrinis, avec ses dalles ornées de gravures, fut construit vers 3 500 av. J.-C. sur un îlot du golfe du Morbihan.

Il compte parmi les monuments mégalithiques les plus intéressants de Bretagne. Le cairn de Gavrinis, dédié probablement au culte des morts, est un dolmen sous cairn (amas de pierres) à chambre simple et à couloir,

Le cairn de Gavrinis recèle des dalles finement sculptées aux motifs circulaires.

aux dimensions de 14 m de longueur pour 1,5 m de large. 29 dalles soigneusement juxtaposées composent les parois, et 23 d'entre elles sont décorées de superbes gravures. Dans ce décor exubérant fait de spirales et de cercles concentriques, on reconnait plusieurs signes parmi lesquels des écussons, des crosses, des haches, des arcs et des flèches. Certains signes sont plus difficiles à lire : sur les dalles n°4 et 5 on distingue des lignes ondulées qui peuvent être interprétées comme des représentations de serpents.

La décoration du monument de Gavrinis ne possède pas d'équivalent en Bretagne : les rares points de rapprochement possibles en Europe sont les monuments de la vallée de la Boyne en Irlande ou le dolmen peint de Dombate en Espagne.

Cairn de Gavrinis

île de Gavrinis, Larmor Baden

www.morbihan.fr/gavrinis

avr.-sept. : t.l.j. visite et accès en bateau : 18€ (8€ étudiants et les 10-17 ans, 4 € les 4-10 ans, gratuit pour les –4 ans), circuit des deux îles : 20€ (10€ étudiants et les 10-17 ans), circuit des mégalithes : 22€ (10€ étudiants et les 10-17 ans, 6 € 4-10 ans, gratuit pour les –4 ans)

les visites du cairn sont obligatoirement guidées et se font par groupe de 20, afin de protéger le monument

10 Presqu'île de Rhuys

Déjà appréciée par les ducs de Bretagne au Moyen Âge, cette presqu'île possède un environnement singulier.

On y trouve de petites criques rocailleuses, de longues plages de sable fin et des marais côtiers autrefois entourés de forêt. La presqu'île de Rhuys n'est pas très grande : à peine 10 km de long pour 2 km de large. Au Moyen Âge, c'était une région constituée de forêts où les ducs de Bretagne aimaient venir chasser. Aujourd'hui, elle séduit les vacanciers avec ses plages et son agréable climat.

La côte nord de la presqu'île, faite de petites criques intimistes, contraste avec sa côte sud plus balnéaire, avec ses grandes plages en arc de cercle. À l'extrémité ouest de la presqu'île, Arzon se partage entre ses deux ports, Port-Navalo, un ancien port de pêche, et le Crouesty, port de plaisance. Depuis ce premier, on peut admirer un panorama sur l'océan et l'entrée du golfe du Morbihan.

Le golfe du Morbihan et la presqu'île de Rhuys possèdent de multiples facettes. On y touve aussi bien des châteaux que des réserves naturelles et des marais.

11 Château de Suscinio

La proximité immédiate de l'océan, des marais et de la forêt ont justifié le choix de son emplacement.

Situé à 5 km au sud-est de Sarzeau, le château de Suscinio, édifié au début du XIIIe s., sert d'abord de manoir pour la chasse aux ducs de Bretagne, Pierre de Dreux et Jean Ier le Roux (1217–1286). Le château est agrandi par les ducs Jean IV et Jean V dès la fin du XIVe s., qui bâtissent notamment le logis d'entrée avec ses tours. Deux cerfs sculptés sur la façade du logis d'entrée rappellent la fonction principale de Suscinio. Au XVe s. le dernier duc, François II, fait construire le logis Ouest. Le rez-de-chaussée servait à stocker la nourriture et le bois de chauffage provenant des forêts alentours, tandis que les 1er et 2e étages comportaient les appartements et les chambres. En 1973, d'importants travaux permettent de révéler les ruines d'une chapelle et son carrelage médiéval du XIVe s. Une exposition permanente laisse découvrir les trésors et l'histoire du château.

Château de Suscinio ✉ route du duc Jean V, Sarzeau ☎ 02 97 41 91 91 @ www.suscinio.fr 🕘 t.l.j. : avr.-juin, sept. 10h-19h ; juil.-août 10h-20h ; oct.-6 nov. 10h-18h € 10,50 € (6 € pour les 10-17 ans, entrée gratuite pour les –8 ans) i vu l'architecture du château (plusieurs marches et seuils), les salles ne sont pas accessibles aux personnes à mobilité réduite

12 Réserve naturelle des marais de Séné

Elle abrite des espèces rares d'oiseaux, des mammifères et de nombreux papillons et libellules.

La Réserve naturelle des marais de Séné couvre 530 ha au sud-est de Vannes. Canards, bécasseaux, échasses blanches et avocettes élégantes trouvent une aire de reproduction privilégiée dans ces espaces naturels variés (vasières, prés-salés, prairies et anciens marais salants). Dans la Réserve, il existe une partie en accès libre et une partie payante, aménagée avec des observatoires protégés pour observer plus finement les animaux présents.

Réserve naturelle des marais de Séné @ www.reservedesene.bzh 🕘 fév.-mars : t.l.j. 14h-18h (fermeture billetterie 16h) ; avr.-juin : t.l.j. 14h-19h (fermeture billetterie 17h) ; juil.-août : t.l.j. 10h-13h et 14h-19h (fermeture billetterie 17h) € 6 € (3 €, entrée gratuite pour les –7 ans)

Entre Finistère et Morbihan

Terre maritime à la personnalité bien marquée, elle est le paradis des gourmands d'huîtres, des passionnés de plages et des amoureux de culture.

BRIEC
Landrévarzec
Edern
Trégourez
Roudouallec
Landudal
Langolen
Coray
l'Odet
Odet Loisirs
Site du Stangala
ERGUÉ-GABÉRIC
2
Chap. N.-D. de Kerdévot
Elliant
Tourch
SCAËR
St-Yvi
ROSPORDEN
Chap. du Moustoir
St-Évarzec
Pleuven
Clohars-Fouesnant
la Forêt-Fouesnant
Melgven
1
FOUESNANT
3
CONCARNEAU
Chât. de Keriolet
Phare de la Croix
Ville Close
Fort du Cabellou
Beg Meil
Marais de Mousterlin
Pointe de Mousterlin
Pointe du Cabellou
TRÉGUNC
Névez
4
Pont-Aven
5
Riec-sur-Bélon
Pointe de Trévignon
Raguénez
Port-Manec'h
Malachap
Cornouaille
Île aux Moutons
Rés. nat. St-Nicolas-des-Glénan
Île Saint-Nicolas
Fort Gigogne
Îles de Glénan
10

la Manche
Jersey (R.-U.)
Caen
Normandie
Brest
Morlaix
St-Malo
St-Brieuc
Bretagne
Quimper
Rennes
Laval
Pont-l'Abbé
Lorient
Vannes
Angers
Loire
Anjou
Saint-Nazaire
Nantes
Cholet
la Roche-sur-Yon
Océan Atlantique

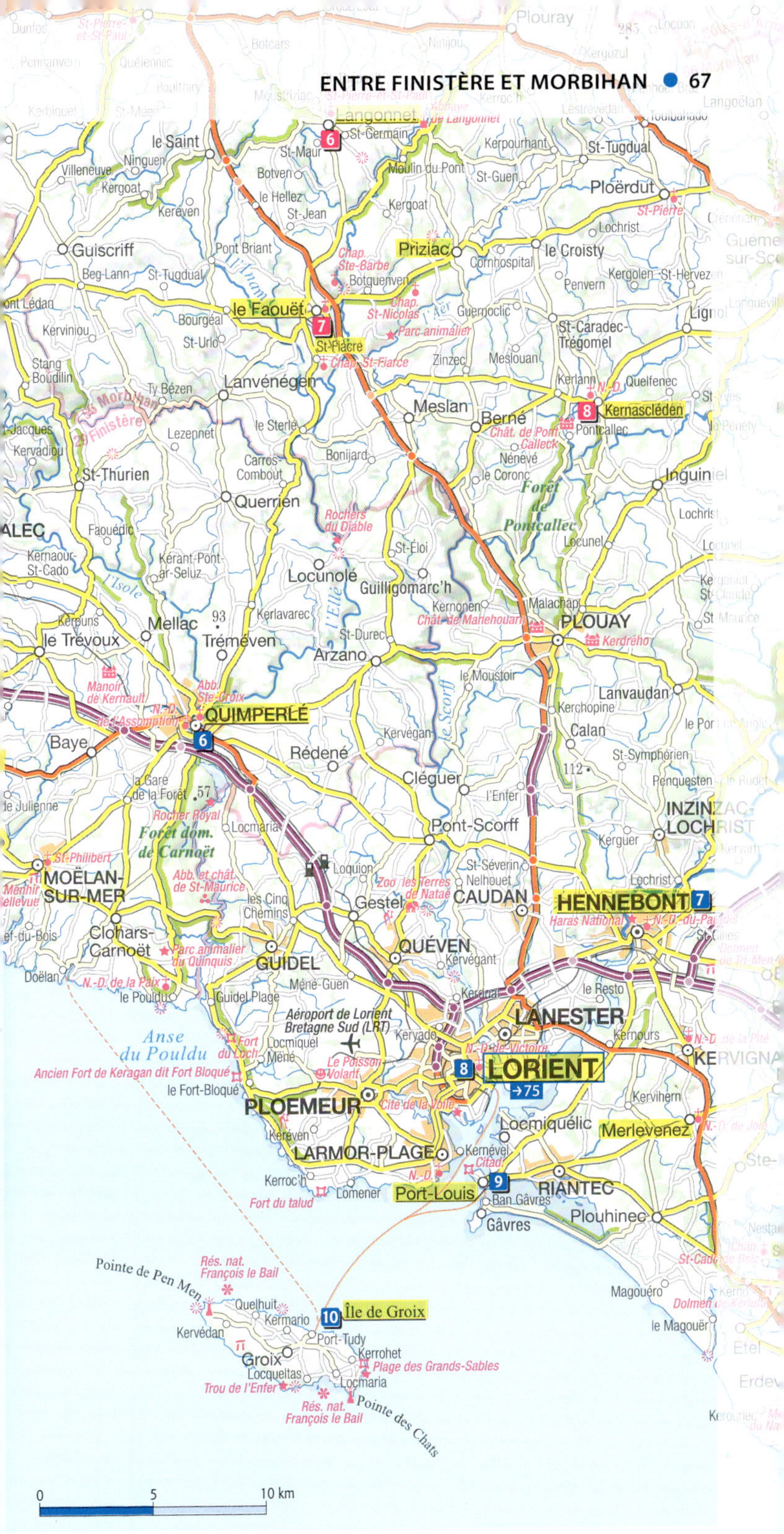
Langonnet
St-Germain
le Saint
Guiscriff
Priziac
le Croisty
Ploërdut
St-Tugdual
le Faouët
St-Fiacre
Chap. St-Fiarce
Chap. Ste-Barbe
Chap. St-Nicolas
Parc animalier
Lanvénégen
Meslan
Berné
Kernascléden
Chât. de Pont Calleck
Forêt de Pontcallec
Inguiniel
St-Thurien
Querrien
Rochers du Diable
Locunolé
Guilligomarc'h
Chât. de Manehouarn
Plouay
Kerdréhô
Mellac
Tréméven
Arzano
le Trévoux
Manoir de Kernault
Abb. Ste-Croix
N.-D. de l'Assomption
Quimperlé
Baye
Rédéné
Cléguer
Lanvaudan
Calan
Inzinzac-Lochrist
Rocher Royal
Forêt dom. de Carnoët
Abb. et chât. de St-Maurice
St-Philibert
Moëlan-sur-Mer
Clohars-Carnoët
Parc animalier du Quinquis
Pont-Scorff
Zoo les Terres de Natae
Gestel
Caudan
Hennebont
Haras National
N.-D.-du-Paradis
Guidel
Quéven
Lanester
Doëlan
N.-D. de la Paix
le Pouldu
Guidel Plage
Aéroport de Lorient Bretagne Sud (LRT)
Anse du Pouldu
Fort du Loch
Ancien Fort de Keragan dit Fort Bloqué
le Fort-Bloqué
Le Poisson Volant
N.-D. de Victoire
Lorient
→75
Ploemeur
Cité de la Voile
Locmiquélic
Merlevenez
Larmor-Plage
Kernével
Citad.
Port-Louis
Riantec
Fort du talud
Lomener
Gâvres
Plouhinec
Magouëro
le Magouër
Dolmen de Kerlutu
Rés. nat. François le Bail
Pointe de Pen Men
Quelhuit
Kermario
Île de Groix
Port-Tudy
Groix
Kerrohet
Plage des Grands-Sables
Locqueltas
Locmaria
Trou de l'Enfer
Pointe des Chats
0
5
10 km

La région de Fouesnant est propice à la pratique des sports nautiques.

1 Fouesnant

Cette station balnéaire possède une côte jalonnée d'anses et de baies, qui abrite plus de 17 km de plages.

Fouesnant est appréciée pour ses plages qui s'étendent de la pointe de Cap-Coz à celle de Mousterlin. La commune abrite un patrimoine architectural composé entre autres de l'église Saint-Pierre-et-Saint-Paul (XIe et XIIe s.) de style roman, et plusieurs chapelles, dont celle de Kerbarder du XVIIIe s. où, chaque année le 3e ou 4e dimanche du mois d'août, un pardon est célébré.

Entouré par la lagune de la mer Blanche et les dunes de Beg-Meil, le marais de Mousterlin est un polder constitué de dunes et de prairies salées qui s'étendent de part et d'autre de la pointe de Mousterlin. Le marais abrite des canaux où l'on peut pratiquer la pêche et des sentiers bordés de chênes et de châtaigniers.

Le site de Beg-Meil, avec la pointe éponyme réputée pour ses plages et ses criques rocheuses, est une station balnéaire qui garde le charme d'un petit village.

Le marché de Fouesnant se tient toute l'année le vendredi matin dans le centre-ville (place Général de Gaulle, rue Kerourgué, rue d'Armor et rue de Cornouaille), de 8h à 13h.

2 Îles de Glénan

Les Glénan forment un ensemble composé d'une dizaine d'îlots rassemblés en cercle qui évoquent l'archipel de la Polynésie.

Au centre, la mer, très calme, est extrêmement limpide et arbore des teintes variant du vert émeraude au bleu turquoise, semblables à celles d'un lagon. Les îles sont bordées par de grandes plages de sable blanc paradisiaques.

Toute l'année, les visiteurs peuvent embarquer au départ de Bénodet, Concarneau ou Loctudy pour Saint-Nicolas, l'île principale. Les îles de Glénan ne disposent d'aucun hébergement et il est interdit d'y camper. En revanche, on y trouve des restaurants et deux centres d'activités nautiques proposent de la voile et de la plongée.

Vedettes de l'Odet
2, avenue de l'Odet, Bénodet
tél. 02 98 57 00 58
www.vedettes-odet.com
avr.-oct. : départ de Bénodet, juil.-août : départ de Concarneau, la Forêt Fouesnant, Beg-Meil et Loctudy
prix variables selon le type de trajet choisi

Concarneau s'est développée autour de sa ville close célèbre pour ses remparts.

3 Concarneau

Ville d'art et d'histoire, Concarneau est connue pour sa ville close et son festival, célébré depuis plus d'un siècle.

Concarneau s'est construite autour de sa ville close, un îlot de 300 m de long sur 100 m de large. Derrière ses imposants remparts (XIVe s.), complétés par Vauban au XVIIe s., se dressent des maisons en granit. À la révolution industrielle, la ville sort de ses murs et le port s'agrandit ; les quais se construisent et se bordent de maisons de notables, laissant la ville close aux classes populaires.

Le port de Concarneau devient rapidement l'un des plus actifs de France. Au milieu du XIXe s., s'installent des conserveries, dont quelques-unes perpétuent les traditions. Des visites guidées sont proposées à la conserverie Courtin, la plus ancienne de la ville encore en activité (1893).

La visite de la criée de Concarneau permet d'assister à la vente aux enchères des poissons les jours de pêche.

Le musée de la Pêche présente les techniques de pêche d'autrefois et d'aujourd'hui ainsi qu'une grande collection d'objets dédiés à cette activité (outils, maquettes, objets du quotidien, cartes, instruments de navigation). Au quai du musée on trouve l'Hémérica, un chalutier hauturier restauré.

Musée de la Pêche
3, rue Vauban, Concarneau
www.musee-peche.f
sept.-juin mar.-dim. 10h-18h ; juil.-août t.l.j. 10h-19h (fermé en jan.) € 5 € (3 €, entrée gratuite pour les –18 ans)

Conserverie Courtin
Zone de Kerouel, Trégunc
02 98 97 01 80
www.conserverie-courtin.com

Le festival Les Filets Bleus est lié à la mer et à la pêche à la sardine. Durant le festival on peut admirer des expositions de costumes bretons, participer aux concerts, à une parade nautique et aux présentations de chants marins. Rendez-vous à Concarneau mi-août, (www.festivaldesfiletsbleus.fr).

De pittoresques restaurants sont aménagés dans les moulins aux bords de l'Aven.

À proximité de Concarneau, le château de Keriolet est une curiosité qui mérite la visite. Accessible par la rue de Keriolet, ce manoir du XIIIe s. fut remanié au XIXe s. dans un style néogothique pour le compte de la princesse impériale russe Zénaïde Narischkine et de son jeune époux le comte Charles de Chauveau. La façade sud et la cour intérieure représentent le caractère fantasque de la princesse Zénaïde, par une succession de styles architecturaux et de symboles rappelant les traditions bretonnes.

4 Pont-Aven ★

C'est dans cette cité des moulins que va naître l'école de Pont-Aven, un mouvement qui va révolutionner la peinture.

Pont-Aven est nichée au creux de la vallée de l'Aven. Descendant des Montagnes Noires, ce fleuve côtier rapide et irrégulier faisait autrefois tourner 15 moulins aux fontions différentes. Le moulin de Kermentec, objet d'une toile de Paul Gauguin en 1894, fut moulin à papier, puis moulin à grain. Celui du Rosmadec (XVe s.) héberge un restaurant. Le moulin à grain du Grand Poulguin, arrêté au milieu du XXe s., a gardé intact son mécanisme avec l'une des meules, les deux roues et les vannes.

Avec l'ouverture de la ligne de chemin de fer Paris-Quimper, Pont-Aven devient une région très prisée. La beauté de ses paysages, son climat et sa douceur de vivre séduisent de nombreux artistes. De 1886 à 1896, une vingtaine de peintres (dont Paul Gauguin, Paul Sérusier et Emile Bernard) s'y installent et élaborent ensemble un style connu comme l'École de Pont-Aven.

Durant dix ans, des peintres (pour la plupart anglo-saxons) dépassent les limites de l'impressionnisme et inventent une nouvelle peinture, dite picturale. En 1895, Paul Gauguin quitte Pont-Aven, laissant un héritage qui constitue la première étape de l'art moderne. Le musée des Beaux-Arts compte plusieurs œuvres de Gauguin (dont *Le Sabotier*) mais aussi des peintures de Gustave Loiseau, Paul Sérusier, Charles Filiger ou encore Wladyslaw Slewinski.

Musée des Beaux-Arts de Pont-Aven
@ www.museepontaven.fr ⌚ sept.-juin mar.-dim. 10h-18h, juil.-août t.l.j. 10h-19h (fermé en jan.) € 8 € (6 €), entrée gratuite pour les –18

Réputée pour ses fameux biscuits au beurre, les « galettes de Pont-Aven », la ville offre aussi de nombreuses autres spécialités (cidre, pommes et châtaignes, fraises, crêpes), à découvrir dans les boutiques et sur les étals du marché hebdomadaire tous les mardis matin. La Biscuiterie de Pont-Aven (www.biscuiteriedepontaven.fr), se situe au 8, rue du Général de Gaulle.

5 Riec-sur-Bélon

La petite ville est surtout connue pour être la capitale de l'huître plate que l'on appelle même la « Bélon ».

Riec-sur-Bélon doit son nom à saint Riok, un moine breton du IVe s. Le petit bourg vit de l'ostréiculture et du tourisme. Les fermes ostréicoles sont situées à l'estuaire du Bélon, à l'endroit où le fl euve se jett e dans l'océan : c'est ce mélange d'eau douce et d'eau salée qui donne un goût de noisette aux huîtres qui y sont élevées et affinées, dès l'âge de trois ans. On peut déguster l'huître plate à la sortie des bassins directement chez certains producteurs, ou dans l'un des restaurants.

Logé dans son étroite ria, Rosbras est un ancien port de pêche reconverti dans la plaisance. Il garde son âme de petit port breton avec ses quais colorés et ses coquettes maisons bretonnes aux façades blanches. Dans le port du Bélon, on peut acheter son poisson directement aux pêcheurs.

La rivière du Bélon est l'occasion d'une escapade à pied sur ses rives ou en kayak, le long de sa rive, jusqu'à la pointe de Penquernéo qui domine l'embouchure. À la rencontre des deux estuaires (de l'Aven et du Bélon) on peut admirer les ruines du fort du Bélon qui était chargé de défendre l'entrée des deux rivières.

⇧ Il est bon de goûter aux fruits de mer en admirant les paysages qui ont inspiré les toiles de Pont-Aven.

Huîtrières du Château de Bélon
✉ port du Bélon (rive droite)
@ www.belon.bzh/huitrieres
⌚ t.l.j. 10h30-19h
€ visite guidée : 5 € (2 €)

Marché des produits du terroir
✉ pl. Yves Ledoux, Riec-sur-Bélon
⌚ mer. et sam. matin

↑ Impossible de résister au charme du retable en pierre calcaire dans l'abbaye de Sainte-Croix de Quimperlé. Le centre-ville regorge lui aussi de recoins pittoresques.

6 Quimperlé

Des ruelles pittoresques, des escaliers, des ponts et passerelles surplombant la rivière – voilà un lieu idéal pour la flanerie.

Dans la ville haute, autour de l'église Saint-Michel, les ruelles pavées sont bordées de maisons typiquement bretonnes, comme celle des Archers, au n°7 de la rue Dom Morice, une demeure à pans de bois (XVe et XVIe s.). Le nom du bâtiment vient d'une chapelle, située jadis à proximité, dédiée à saint Sébastien, martyr et patron des archers. Le pont fleuri de Quimperlé, de l'époque médiévale, a conservé son aspect en dos d'âne.

L'abbaye Sainte-Croix (XIe s.) est, avec les ruines de l'église de Lanleff dans les Côtes-d'Armor, le seul temple breton circulaire. Elle fut reconstruite au XIXe s. après l'effondrement du clocher. Sa rotonde de 18 m de haut s'ouvre sur une abside surmontant la crypte qui abrite deux tombeaux du XVe s., dont celui de saint Urlou, premier abbé de Sainte-Croix. L'église abrite aussi un retable de 1541 en dentelle de pierre calcaire. Le Christ est représenté au centre, entouré de personnages de l'Ancien et du Nouveau testament. De style jésuite, la chapelle des Ursulines située dans un ancien couvent du XVIIe s. possède un plafond doré à la feuille d'or.

Au bord de l'Ellé au nord de Quimperlé, le site des Roches du Diable est un chaos de roches aux formes étranges. C'est également un endroit privilégié pour la pratique du canoë-kayak : une compétition y est organisée chaque année.

7 Hennebont

Ancienne ville-pont nichée sur les rives du Blavet, Hennebont est une importante ville d'élevage du cheval breton.

Encadrée de deux tours massives, la porte Broërec'h constitue le vestige des remparts du XIIIe s. qui entouraient la ville close. Les tours, qui abritaient autrefois une prison, hébergent un musée qui raconte l'histoire de la ville.

La basilique Notre-Dame-du-Paradis (XVIe s., gothique flamboyant) est reconnaissable à sa flèche, haute de 65 m. Le porche est ornementé d'accolades et de fleurons. Une her-

L'église Notre-Dame-du-Paradis et le cheval breton sont caractéristiques d'Hennebont. La ville se déploie sur les rives du Blavet.

mine, symbole historique des ducs de Bretagne, y est également sculptée. La sénéchaussée d'Hennebont, au n°1, rue de la Paix, est l'une des rares maisons à pans de bois qui subsistent dans la ville. Au n°2, rue des Lombards, un hôtel particulier du XVIe s. se distingue avec sa façade de granit et ses lucarnes sculptées dans le tuffeau.

Installé au milieu d'un parc arboré dans les anciennes écuries napoléoniennes, se trouve le Haras national, haut lieu de l'élevage du cheval breton depuis 1857. L'établissement propose des visites guidées et des animations variées, comme des balades en calèche et la visite de la sellerie.

Musée d'Hennebont
tours Broërec'h, accès depuis la rue du Champ de Foire 02 97 36 29 18 www.musee-hennebont.fr juin, sept. : mar.-dim. 10h30-12h30 et 13h30-18h30 ; juil.-août : t.l.j. 10h30-12h30 et 13h30-18h30 5,50 € (3,50 €, entrée gratuite pour les –12 ans)

Haras national d'Hennebont
rue Victor Hugo 02 97 89 40 30 horaires variables, il faut vérifier sur le site web ; spectacles de Noël : 22-31 déc. sauf le 25 déc. les tarifs varient en fonction de la version choisie et la saison

8 Lorient

Ville portuaire tournée vers la mer, Lorient est surtout connue pour son festival de musiques celtiques.

Fondée par Colbert en 1666, Lorient naît lorsque la Compagnie des Indes s'installe dans la citadelle de Port-Louis. La ville se développe avec la construction navale militaire. Presque entièrement détruite pendant la Seconde Guerre mondiale, Lorient affirme son identité à travers son gigantesque port et son Festival Interceltique.

Le centre-ville abrite l'église Notre-Dame-de-Victoire 8a, reconstruite en 1954–1956 par l'architecte Jean-Baptiste Hourlier, qui domine de son clocher de béton la place Alsace-Lorraine. L'édifice est appelé « Saint-Louis », en référence à celui détruit durant les bombardements. À l'intérieur se trouve une statue de la Vierge (1850) tenant sur ses genoux l'Enfant Jésus, avec une branche d'olivier (symbole de paix)

⬆ **Le Kevrenn Alré, le bagad et le cercle celtique multimédaillé d'Auray, lors du Festival Interceltique de Lorient.**

dans la main gauche levée du bébé. Le long des murs latéraux de la nef on trouve le chemin de croix, réalisé sur des dalles de granit par le sculpteur René Letourneur (1890–1990).

L'enclos du port de Lorient désigne les bâtiments autrefois occupés par la Compagnie des Indes. L'Hôtel Gabriel 8b (1740), dessiné par l'architecte du roi Louis XV, abrite la salle des ventes aménagée dans le pavillon ouest. Le bâtiment, de style classique, devient au XIXe s. le siège de la préfecture maritime. Depuis 2008, il accueille le service de l'Animation de l'architecture et du patrimoine, avec des salles d'ateliers et d'expositions au rez-de-chaussée et les Archives municipales au 1er étage. La Tour de la Découverte 8c (1737) fut réédifiée en 1786 après avoir été 2 fois abattue par la foudre. Elle servait de sémaphore et de tour de guet : du haut de ses 225 marches, on peut admirer Lorient et sa rade. Les deux moulins à blé 8d sur la colline du Faouëdic (1677 et 1719), de 25 m de haut chacun, fournissaient la farine pour fabriquer du pain et des biscuits qu'emportaient les marins lors de leurs longs voyages.

Conçu et aménagé pour toutes de sortes de pêche (chalut, palangre, filet maillant et casier), le très moderne port de Keroman 8e possède quatre criées spécialisées chacune dans un type de produit particulier, une salle verrière, la plus importante gare de marée de l'Ouest ainsi que l'élévateur à bateaux, l'un des plus puissants d'Europe. Le port est équipé de deux bassins en équerre. Le long de ses presque 2 km de quais, on observe les petits bateaux de pêche côtoyer les navires gigantesques qui s'en vont dans le golfe de Gascogne et jusqu'au nord de l'Écosse. La base de sous-marins 8f fut construite par les Allemands (1941-1943), et témoigne de l'architecture militaire et des affrontements stratégiques du XXe s. Les deux premiers blocs (Keroman 1 et 2) permettent de sortir les sous-marins de l'eau, tandis que le troisième bloc, Keroman 3, le plus imposant de la base, abrite des bassins à flot et permettait d'accueillir jusqu'à 13 sous-marins.

Base de sous-marins
✉ Port de pêche de Keroman
@ www.la-flore.fr € 10€ (5,90€)

Depuis 1971, le Festival Interceltique de Lorient met en scène la Bretagne, les îles britanniques et le nord de l'Espagne à travers un concept original : l'interceltisme.

L'interceltisme est l'idée que les peuples parlant des langues celtiques ou ayant des éléments de culture relevant de la mythologie celtique sont liés historiquement et partagent des intérêts communs. Tout comme le Festival panceltique d'Irlande ou le Festival des médias celtiques sur l'île de South Uist en Écosse, le Festival Interceltique de Lorient a pour but d'entretenir les échanges entre les différents pays qui partagent une

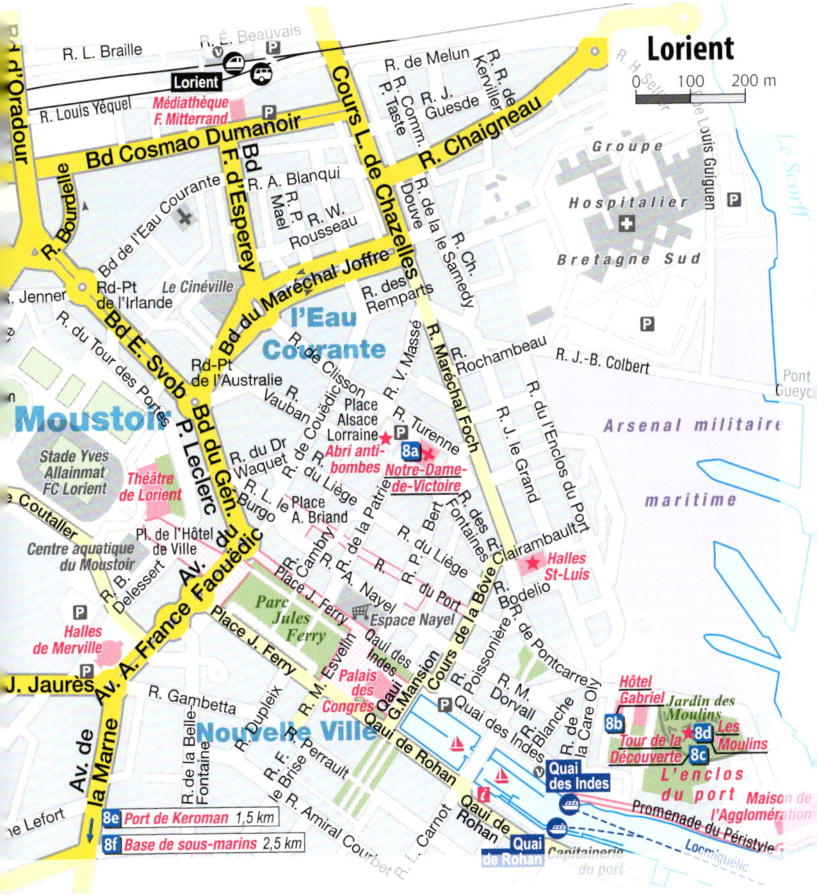

même « celtitude ». Au fil des années, le festival de Lorient a acquis une grande notoriété et est devenu un événement international qui rassemble plus de 50000 artistes et 800000 visiteurs sur dix jours et dix nuits en août, avec de nombreux spectacles allant des concerts de rock et de jazz aux spectacles de danse, en passant par le traditionnel championnat des bagadoù (formation musicale bretonne avec cornemuse, bombarde et percussions). De nombreux fest noz, des ateliers de musique et des conférences sont également au programme.

Rendez-vous à Lorient, la première quinzaine d'août (www.festival-interceltique.bzh).

Les Indisciplinées – festival de musiques actuelles avec des concerts de rock et de pop, Lorient, 10 premiers jours de nov., www.lesindisciplinees.com.

9 Port-Louis ★

Avec sa citadelle qui veille sur la rade de Lorient et ses remparts austères, Port-Louis jouit d'un passé prestigieux.

Port-Louis est une ville fortifiée. Construite au XVIe s. durant l'occupation espagnole, puis modifiée au XVIIe s. par les Français, la citadelle commandait l'entrée de la rade de

Sans aucun doute, Port-Louis est une ville très bien fortifiée.

Lorient. Elle abrite aujourd'hui le musée de la Compagnie des Indes, qui relate son histoire : la fondation par Colbert en 1664, les équipages et la création des comptoirs aux XVIIe s. et XVIIIe s. en Inde, en Afrique et en Chine. Tout ceci à travers des objets et des œuvres d'art (porcelaines de Chine du XVIIIe s., maquettes de navires et reconstitutions, textiles). Des expositions temporaires sont organisés autour d'un thème ayant trait aux anciens comptoirs, au voyage ou à la mer.

Les remparts, édifiés à la même époque que la ville, encerclent Port-Louis des deux côtés. À l'intérieur de la vieille ville, on découvre des demeures datant principalement des XVIIe et XVIIIe s. Installé au pied des remparts, dans l'anse de Driasker, le port de plaisance est joliment surplombé d'une allée d'arbres.

Musée de la Compagnie des Indes
✉ citadelle de Port-Louis, av. du Fort de l'Aigle 🕘 fév.-avr. et oct.-mi-déc. : mer.-lun. 13h30-18h ; sept. mer.-lun. 10h-18h ; mai-août : t.l.j. 10h-18h30 € 8 € (6,30 €)

10 Île de Groix

Elle possède un patrimoine géologique exceptionnel avec la présence de plus de 60 espèces minérales.

Parmi les minéraux de l'île de Groix on trouve le glaucophane, le grenat et les micaschistes, qui donnent aux roches et aux plages des nuances particulières allant du blanc brillant (micas) au rouge foncé du grenat. Pour protéger ce patrimoine, on crée en 1982 la Réserve naturelle nationale François Le Bail (un géologue breton). Elle couvre les territoires du nord-ouest et du sud-est de l'île. À l'extrémité ouest se trouve la pointe de Pen Men, avec ses falaises escarpées recouvertes de lichen. Dans sa partie est, l'île présente un visage plus tranquille, avec ses maisons de pêcheurs en pierre aux façades colorées.

La plage des Grands-Sables est la seule plage convexe d'Europe (qui, pour ainsi dire, « s'avance » vers la mer).

Le Trou de l'Enfer, une grotte impressionnante, est creusée dans une énorme faille.

De 1870 à 1940, Port-Tudy fut le premier port français de pêche au thon, aujourd'hui c'est un agréable port de plaisance.

Chaque année, le Festival du Film Insulaire de Groix programme près de 80 films à voir en salle ou en plein air pour le bonheur des cinéphiles.

Écomusée de l'île de Groix
✉ Port-Tudy ☎ 02 97 86 84 60
@ bretagnemusees.bzh/musee/musee-de-lile-de-groix 🕘 avr.-oct. : mar.-dim. 10h-12h30 et 14h-18h
€ 5 € (3,70 €, gratuit pour les –26 ans)

Quimper et Cornouaille ouest

Ici, les côtes sauvages aux airs de « bout du monde » s'étirent autour de Quimper, une véritable ville d'Art et d'Histoire.

Île de Béniguet
le Conquet
Plougonvelin
Pointe de St-Mathieu
Pointe du Petit Minou
Goulet de Brest
Pointe du Toulinguet
Pointe du Grand Gouin
Fort Cap Tremet
Camaret-sur-Mer
Alignements de Lagatjar
Monument
Pointe de Pen-Hir
Tas de Pois
Presqu
Gaoulac'h
Kergonan
Châl. de Dinan (rochers)
Pointe de Dinan
Morgat
Grandes Grottes
la Palue
Rostudel
Cap de la Chèvre
Parc naturel
marin d'Iroise
Phare d'Ar Men
Chaussée de Sein
Île de Sein
8
Raz de Sein
Pointe du Raz
7
Phare de la Vieille
Baie des Trépassés
Chap. St-They
Pointe du Van
Pointe de Brézellec
Trouguer
Kermeur
Réserve du Cap Sizun
6
Menhir de Luguenez
Tronjoly
Moulin Castel
Beuzec-Cap-Sizun
Lescoff
Cléden-Cap-Sizun
St-Clet
Goulien
Quatre-Vents
Plogoff
Penneac'h
Primelin
Toulemonde
St-Tugen
Chap.
Esquibien
Pont-Croix
5
Audierne
St-Joseph
Brignéoc'h
le Pouldu
Trébeuzec
Lestréouzien
des Droits
Baie
d'Audierne
0
5
10 km

la Manche
Jersey (R.-U.)
Caen
Normandie
Brest
Morlaix
St-Brieuc
St-Malo
Bretagne
Quimper
Pont-l'Abbé
Lorient
Vannes
Rennes
Laval
Angers
Anjou
Loire
Saint-Nazaire
Nantes
Cholet
la Roche-sur-Yon
OCÉAN ATLANTIQUE

PLOUGASTEL-DAOULAS
Rade de Brest
Loperhet
Sizun
Kerdéniel
Keraménez
Porsguen
Gorréquer
Goasven
Hôpital-Camfrout
Logonna-Daoulas
Kerascoët
Boudourec
Hanvec
les Vénez
Pen-ar-Hoat-ar-Gorré
Parc animalier de Ménez-Meur
Fort de Lanvéoc
Lanvéoc
Anse de Poulmic
la Forêt
Landévennec
St-Sauveur
le Faou
N.-D.
Rumengol
Ossuaire
d'Armorique
Quillien
St-Anc. abb.
Abb. de St-Guénolé
Ile de Crozon
Lescataouen
Marros
Pont Suspendu de Térenez
Quimerc'h
Vieux Quimerc'h
Lopérec
Calvaire
St-Pierre
Petites Grottes
Tal ar Groas
Enclos paroissial
Argol
Rosnoën
Trégarvan
Musée
Kerivin
Telgruc-sur-Mer
Penquer
Toul ar Goloët
Logonna-Quimerc'h
Pont-de-Buis-lès-Quimerch
Pointe des Grottes
l'Aulne
St-Ségal
Lézargol
Ménez Hom
330
Dinéault
Chap.
St-Sébastien
Port-Launay
Pleyben
Porslous
St-Nic
Manoir Guerveur
Ste-Marie du Ménez Hom
Pentrez-Plage
Chap. St-Côme
St-Côme
CHÂTEAULIN
Kertanguy
le Vieux Bourg
Baie de Douarnenez
Lescobet
Plomodiern
St-Coulitz
Toul Hoat
Lothey
Ty Job
St-Méen
Ploéven
Cast
Ste-Anne la Palud
Lanzent
Kerhant
Trévoallec
Chap. Ste-Anne
Gouézec
Pointe de Leydé
Plonévez-Porzay
N.-D. de Kergoat
Kergaradec
Kervel
Quéménéven
Poullan-sur-Mer
Menhir de Tréota
Quillouarn
Tréboul
Lanévry
Plomarc'h
St-Germain
Kergoat
St-Renan
Chap.
St-Venec
DOUARNENEZ
Ploaré
Kerlaz
Locronan
BRIEC
Chap. N.-D. de Kérinec
Kerfinidan
Lezmel
Landrévarzec
Edern
Notre-Dame
Plogonnec
St-Albin
Confort-Meilars
N.-D. de Quilinen
N.-D. de Confort
le Juch
Plaisance
le Croëzou
Kerflous
Pouldergat
Pont Quéau
Ty-Ru
Quiriou
Landudal
Mahalon
le Goyen
Stang ar Guell
Kerscao
Keriou
Guengat
Kermadoret
Cornouaille
96
le Fort
→81
Site du Stangala
Odet
Guiler-sur-Goyen
Gourlizon
Chap. de la Trinité
la Trinité
Ploneis
QUIMPER
Quélennec
St-André
Landudec
Hent-Meur
Lestonan
St-Demet
Pozévet
Kerlaëron
107
Kerstridic
de la Trinité
Kerdévot
St-Corentin
ERGUÉ-GABÉRIC
Chap. N.-D. de Kerdévot
Plogastel-St-Germain
Kersantec
St-Guffan
Pluguffan
N.-D. de Locmaria
Menhir de l'Homme
Lababan
St-Germain
Aquarive
Ménez Pontic
Pouldreuzic
Kervéyen
Aéroport de Quimper Cornouaille (UIP)
Kervren
Penhors
Chap. de Penhors
St-Joseph
an Trap
l'Arbre du Chapon
Lanvéron
Penquer
Parc animalier
Peumérit
Pays Bigouden
Plovan
Tréogat
Stang ar Bacol
Menhirs de Tingoff
St-Evarzec
St-Gorgon
Chap. de Lanvern
N.-D. de Languivoa
Plomelin
Site des Vire-Court
Boutiguéry
le Moulin du Pont
Chap. de Languidou
PLONÉOUR-LANVERN
Languivoa
Menhir de Ti ar Poës
Tréméoc
Ty-Glaz
Prajou
Rés. nat.
Gouesnach
Pleuven
Chap. Ste-Anne
Tréguennec
Étang du Moulin Neuf
Ménez Kerdréanton
Clohars-Fouesnant
la Forêt-Fouesnant
St-Pierre
Kerbascol
Keréon
Chap. N.-D. de Tréminou
Combrit
Pont de Cornouaille
N.-D. d'Izel-Vor
St-Jean-Trolimon
PONT-L'ABBÉ
Feu du Coq
St-Thomas Becket
FOUESNANT
Calvaire N.-D. de Tronoën
Beuzec
des Barons du Pont
Ste-Marine
Chap. de Perguet
Perguet
Menhir de Lanvénaël
N.-D. des Carmes
Bénodet
Pont Henvez
CONCARNEAU
Pointe de la Torche
Plomeur
Chât. de Kernuz
Manoir de Kerazan
le Sillon
Ile-Tudy
Beg Meil
St-Guénolé
Musée Préhistorique
Plobannalec-Lesconil
Dolmen
Anse de Bénodet
Marais de Mousterlin
Chap. N.-D. de la Joie
St-Nonna
l'Évêque
St-Tudy
Loctudy
Pointe de Mousterlin
St-Pierre
PENMARCH
Treffiagat
Pointe de Penmarc'h
Phare d'Eckmühl
Kerity
Égl.
Phare du Guilvinec
Lodonnec
le Guilvinec
Léchiagat
Lesconil
Côte de Cornouaille
Île aux Moutons

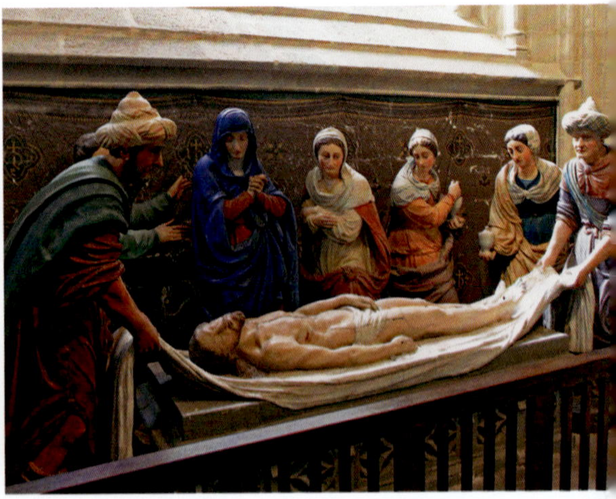

↑ **La cathédrale Saint-Corentin de Quimper abrite une Mise au tombeau avec des personnages grandeur nature dont les expressions et les poses sont très réalistes.**

1 Quimper ★

Ancienne capitale de la Cornouaille, cette ville d'Art et d'Histoire se déploie autour de sa somptueuse cathédrale gothique.

Quimper (du « kemper », confluent en breton) se situe au croisement de l'Odet et de ses deux affluents, le Steïr et le Frout. Dominée par le Mont-Frugy, la ville abrite quatre jardins.

Le Vieux Quimper s'est développé autour de la cathédrale Saint-Corentin. La rue Kéréon (cordonnier en breton), l'artère principale du quartier historique, est bordée de demeures des XVIe et XVIIe s. Elle débute à la place Médard et se poursuit jusqu'à la cathédrale. Rue Guéodet, la maison des Cariatides attire l'attention, avec ses colonnes aux figures sculptées. La place Terre-au-Duc se remarque avec ses maisons à encorbellements surplombant la rivière.

Berceau de la faïence bretonne, Quimper est aussi la terre d'accueil ou de séjour de nombreux personnages : René Madec, aventurier breton du XVIIIe s., Max Jacob (1876–1944), dessinateur et poète ou encore René Laennec, médecin du XVIIIe s. à l'origine de l'invention du stéthoscope.

Le Festival de Cornouaille est une grande fête avec des défilés, des concerts de musique bretonne, des fest-noz, des stages et des expositions qui se déroule à Quimper la dernière semaine de juillet (www.festival-cornouaille.bzh).

Cathédrale Saint-Corentin 1a

Construite entre le XIIIe s. et le XIXe s., la cathédrale Saint-Corentin est l'une des trois plus anciennes cathédrales gothiques de Bretagne. La nef et le transept sont rebâtis de 1424 à 1485 sur les fondations de l'ancienne cathédrale romane du XIe s. Vers 1850, l'architecte quimpérois Joseph Bigot entreprend la restauration de l'église et fait édifier deux flèches de 76 m, entre lesquelles se trouve une statue équestre du roi Gradlon, sculptée par Amédée Ménard (1858). À l'intérieur, les soixante-neuf fenêtres de vitraux, aux couleurs vives et

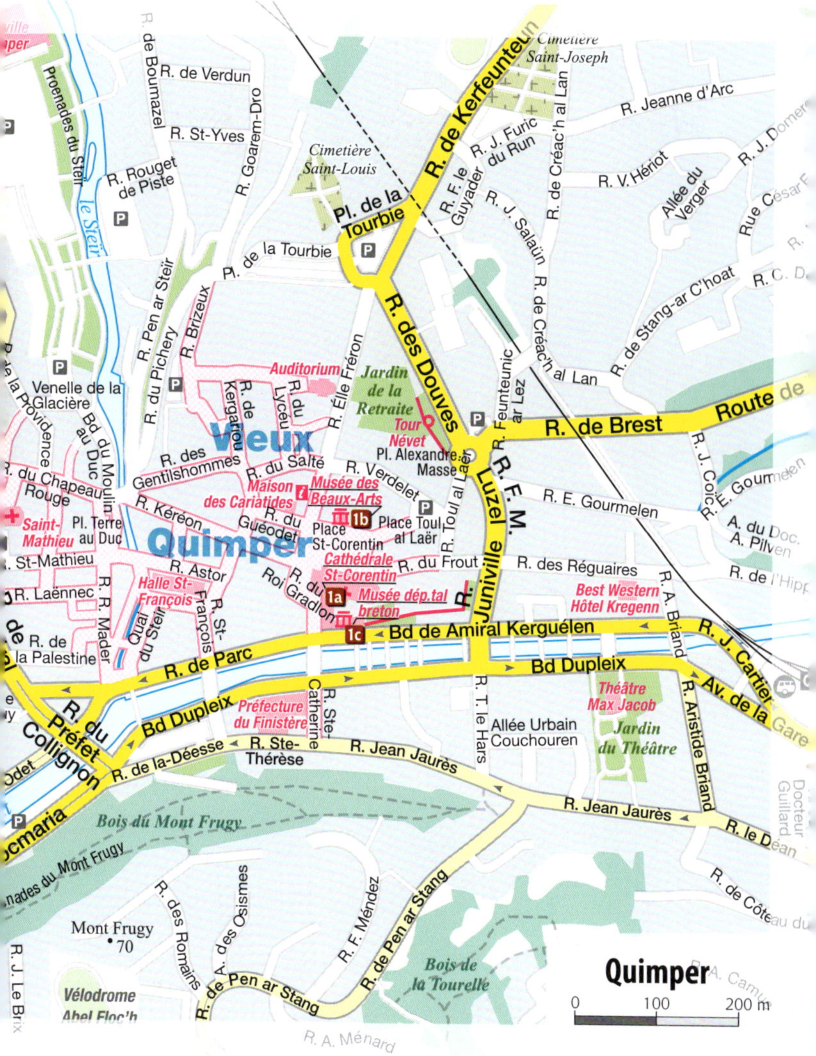

marquées, capturent le regard par la finesse de leur réalisation. Les fenêtres hautes du chœur datent des xve et xvie s. ; celles basses sont plus modernes (xixe s.).

Cathédrale Saint-Corentin
✉ pl. Saint-Corentin, Quimper

Musée des Beaux-Arts 1b

Le musée des Beaux-Arts abrite de riches collections de l'école française du xviie au xixe s., comme le *Portrait de Corneille* par Claude Lefebvre (1633–1675) ainsi que des réalisations d'inspiration bretonne des xixe et xxe s., avec des œuvres de l'école de Pont-Aven comme *Étude de Bretonnes* d'Emile Bernard, l'*Oie* de Paul Gauguin ou encore *Noces à Quimper* d'Eugène Boudin. Le musée rend hommage au poète Max Jacob, né à Quimper (1876–1944). La salle qui lui est consacrée illustre sa vie par des dessins, gouaches,

La faïence quimpéroise présente des motifs folkloriques locaux.

gravures et documents divers, de lui-même et de son entourage (Picasso, Jean Cocteau, Roger Toulouse, Jean Moulin).

Musée des Beaux-Arts
40, pl. Saint-Corentin, Quimper
www.mbaq.fr avr.-juin, sept.-oct. : mer.-lun. 9h30-12h et 14h-18h ; nov.-déc. : mer.-lun. 9h30-12h et 14h-17h30 (sauf dim. mat.) ; juil.-août : t.l.j. 10h-18h 5€ (3€, gratuit pour les –12 ans, étudiants en art et demandeurs d'emploi)

Musée départemental breton 1c

Situé dans l'ancien palais des Évêques de Cornouaille, le musée présente plus de 4 000 ans d'histoire et d'archéologie de la région. Le rez-de-chaussée est consacré à la préhistoire et protohistoire avec divers objets (p. ex. ceinture en or torsadé datant de l'âge du bronze). Le mode de vie des habitants de la cité gallo-romaine des Osismes (peuple gaulois du Finistère) est également évoqué.

Les 1er et 2e étages présentent les costumes du Finistère des XIXe et XXe s., avec p. ex. ceux du Pays bigouden, de Quimper et Douarnenez. On découvre le mobilier breton du XVe s au XXe s. : coffres sculptés, vaisselier, armoires de mariage.

Au 3e étage se trouve une large collection de faïences quimpéroises de plus de 300 pièces (assiettes, vases, pichets), allant de la faïence de luxe du XVIIIe s. à la poterie populaire du XIXe s. On peut admirer des tableaux sur faïence réalisés par le céramiste Alfred Beau (1829–1907) et des créations sur céramique du peintre Mathurin Méhaut, comme le *Service de la Mer* (1925).

Musée départemental breton
1, rue du Roi Gradlon, Quimper
www.musee-breton.finistere.fr
jan.-juin et mi-sept.-déc. : mar.-ven. 9h30-17h30, sam.-dim. 14h-17h30 ; mi-juin- mi-sep. t.l.j.10h-19h 5 € (3 €)

2 Chapelle Notre-Dame de Kerdévot

Elle fut édifiée à la fin du XVe s. pour remercier la Vierge d'avoir enrayé une épidémie de peste.

Cette église de style gothique flamboyant fait partie d'un enclos paroissial comprenant la chapelle, un calvaire du XVIe s. et une sacristie du XVIIIe s. On remarquera surtout le calvaire en granit, avec ses troncs de croix comportant des bosselures symbolisant des bubons, pour rappeler la vocation de Notre-Dame de Kerdévot. La chapelle abrite également un retable flamand du XVIIe s. en bois peint et doré. Chaque mois de septembre, le site abrite le pardon.

La vielle ville de Locronan, charmante et verdoyante, est très bien conservée.

3 Locronan ★

Cette « Petite Cité de Caractère » était autrefois prospère grâce au commerce de la toile de lin.

Locronan connait son apogée au XVIe s. avec la production de chanvre et de lin. De cette période subsistent les demeures Renaissance en granit, qui accueillaient autrefois les ateliers de tisserands. Elles s'élèvent autour de la place de l'Église, qui a servi de décor au film *Tess* de Roman Polanski (1979). Sur la place, on note le puits du XIXe s. embelli d'une torsade.

L'église Saint-Ronan (XVe s.), érigée par les seigneurs du Nevet et financée par les ducs de Bretagne, présente une silhouette massive, renforcée par la présence d'une tour sur un plan carré. À l'intérieur, une chaire à prêcher (XVIIe s.) retrace la vie de Saint-Ronan. La chapelle du Pénity (1530) abrite un tombeau en granit de Kersanton du saint fondateur de la ville. Accessible par la rue Moal, la chapelle Notre-Dame de Bonne-Nouvelle (XVIe s.) est entourée d'un calvaire et d'une fontaine traditionnelle.

Le musée d'Art et d'Histoire présente l'histoire de Locronan et de l'industrie de la toile, de la Troménie ainsi qu'une collection de peintures bretonnes. On découvre également un métier à tisser du XVIIIe s. et des outils qui servaient à la confection de toiles de lin.

Musée d'Art et d'Histoire (dans le même bâtiment que l'Office de Tourisme ✉ 1, pl. de la Mairie, Locronan ⌚ horaires d'ouverture de l'office de tourisme ℹ temporairement fermé

Le culte de saint Ronan donne lieu tous les six ans en juillet à une « grande Troménie », un pèlerinage typiquement breton d'environ 12 km. La « petite Troménie » est, quant à elle, un parcours de six kilomètres qui se dé-

Le puits, datant du XIXe s., est situé sur la place centrale de Locronan.

roule tous les ans le 2e dimanche de juillet.

Célébrée depuis un millénaire, la grande Troménie de Locronan reprend un circuit fixé par une tradition, qui date d'avant la christianisation du rite par saint Ronan. Les Celtes imaginaient la vie après la mort en étroite communion avec la nature. À Locronan, ils vont créer un « nemeton », temple sous la voûte du ciel, symbolisé par une clairière au milieu des bois, d'un périmètre de 12 km, comportant 12 points remarquables et représentant les mois de l'année celtique. Le circuit actuel, qui démarre sur la place du village, traverse la lande et la forêt de Névet. Au-devant du cortège, les centaines de pèlerins habillés en costumes traditionnels portent des bannières richement brodées des saints patrons de la région. Les têtes des hommes sont décorées de chapeaux ronds de velours, et celles des femmes, d'une coiffe de dentelle.

4 Douarnenez

Cité florissante jusqu'aux années 1970, Douarnenez reste un haut lieu de la pêche à la sardine en France.

Douarnenez compte trois ports : Tréboul, Port-Rhu avec son avant-port, et Rosmeur, qui est le port de commerce et de pêche. La ville se développe avec l'apparition de la conserve et les fabriques se multiplient au XIXe s.

La plus ancienne conserverie au monde, Chancerelle (1853), est encore en activité au Port-Rhu, son site d'origine. On y prépare les sardines et les maquereaux selon les méthodes traditionnelles.

Installé dans une ancienne usine, le Port-Musée est un musée à flot, unique en France. Il possède une importante collection de bateaux et d'objets de pêche qui permettent de découvrir les cultures maritimes d'Europe, d'Asie, d'Afrique et d'Océanie.

Tréboul, qui abrite le port de plaisance, constitue le quartier chic de Douarnenez. À partir du port, on peut rejoindre le cimetière marin et les plages avec une vue superbe sur la baie de Douarnenez.

Le port de Rosmeur, quant à lui, a gardé ses maisons de pêcheurs traditionnelles et ses venelles pavées.

Conserverie Chancerelle
✉ 1, bd Richepin, Douarnenez
@ www.connetable.com/le-groupe/3-chancerelle

Port-Musée de Douarnenez
✉ pl. de l'Enfer, Port-Rhu
@ www.port-musee.org
🕘 fév.-mars et vacances de Noël : mar.-dim. 13h30-17h30 ; avr.-juin et sept.-oct. : mar.-dim.10h-12h30 et 14h-18h ; juil.-août : t.l.j. 10h-18h
€ 5,50-7,50 € (3,50-5,50 €)

Le port de Douarnenez est tout aussi sublime que la poterie artisanale de Pont-Croix.

Les Gras de Douarnenez est un carnaval populaire, avec des bals et des défilés costumés dans les rues et les bars de la ville qui se tient mi-février.

Il y a 2000 ans, on pêchait déjà la sardine dans la baie de Douarnenez. Pour la conserver, les Romains la traitaient en salaison dans des ateliers et produisaient également du « garum », une sauce au goût puissant issue de la macération de la chair et des viscères des poissons dans le sel. Accessible à pied par le sentier côtier des Plomarc'h, l'ensemble de Plomarc'h Pella est l'un des plus importants sites antiques de salaison gallo-romains dans la baie de Douarnenez.

5 Pont-Croix

Le centre historique et ses ruelles pittoresques bordées d'anciennes demeures en pierre apparente font tout le charme de Pont-Croix.

La Grande Rue Chère (de l'ancien verbe « choir » – tomber) descend en escalier depuis le donjon jusqu'au pont de Penn ar C'han qui surplombe le Goyen. La Petite Rue Chère plonge également vers la rivière. Rue de la Prison se trouve le Marquisat, une maison noble du XVe s., accueillant aujourd'hui un musée du Patrimoine.

L'église Notre-Dame de Roscudon (XIIIe s., style roman tardif et ogival), se dresse au milieu de la cité. Sa flèche culminant à 67 m a servi de modèle pour celles de la cathédrale de Quimper. Sur la façade sud, on remarque le porche gothique (XIVe s.), sculpté de rosaces. L'intérieur abrite entre autres des retables de style baroque, dont celui de la cène du XVIIe s. et des orgues du XVIe s. L'église conserve aussi des vitraux (XVe-XXe s.), parmi lesquels on remarque une verrière du XVIe s. avec des scènes de la Passion.

Sur la place de l'Église et le parvis de la Collégiale, des maisons abritent des ateliers d'artisanat : potiers, sculpteurs sur bois, peintres, diplômés ou autodidactes, proposent un large choix de produits uniques.

Le Marquisat
rue de la Prison, Pont Croix
02 98 70 51 86
www.pont-croix.fr/musee-du-marquisat

Face à la pointe du Raz, au large, se trouve le phare de la Vieille.

en été : t.l.j. 10h30-12h30 et 14h-18h
2 € (entrée gratuite pour les –12 ans accompagnés)

6 Réserve du Cap Sizun

La Réserve du Cap Sizun offre un immense intérêt pour l'observation des oiseaux marins.

Les oiseaux sont en effet des milliers à nicher sur les falaises escarpées et les îlots de granit. Fulmar boréal, guillemot de Troïl (famille des alcidés), cormoran huppé ou encore goéland argenté sont quelques-unes des espèces à observer aux jumelles, surtout entre mars et juillet.

La visite se fait en bordure de falaises : le sentier de randonnée qui parcourt le site est libre d'accès et les équipes de la réserve sensibilisent le public à la préservation de l'environnement par le biais d'animations et de visites guidées. Huit petites bornes en bois sont installées tout au long du parcours.

Maison de la Réserve chemin de Kerisit, Goulien @ www.reserve-cap-sizun.org

7 Pointe du Raz ★

Splendide et sauvage, la pointe du Raz est considérée comme la pointe la plus à l'ouest de la France continentale.

Autrefois redoutée des marins, la pointe du Raz est aujourd'hui l'un des sites les plus visités de Bretagne, au point que l'afflux des visiteurs dans les années 1990 a failli mettre à mal ce patrimoine. Depuis la grande campagne de réhabilitation (1996-2000), le site, avec sa lande de bruyère et ses falaises abruptes (70 m de hauteur), a retrouvé son aspect sauvage et authentique. À proximité, la baie des Trépassés, est enserrée entre la pointe du Raz et la pointe du Van.

Pour protéger le tapis végétal, le stationnement en voiture se fait désormais à l'entrée du site. La Maison de site offre aux visiteurs des informations sur la pointe et sa préservation mais aussi sur les possibilités de promenade.

Maison de site
pointe du Raz 02 98 70 67 18
@ www.pointeduraz.com avr.-juin et sept. : t.l.j. 10h-18h ; juil.-août : t.l.j. 10h-19h ; oct. : t.l.j. 10h-17h30 accès en voiture/camping-car : 8 € (15 €/jour+nuit)

8 Île de Sein

Fréquemment balayée par les vents, l'île forme une pince de crabe s'étalant sur 1,8 km de long et 800 m de large.

Sur l'île, à seulement 1,5 m en moyenne au-dessus de la mer, il n'y a ni arbre ni buisson. Derrière de puissantes digues, le village de l'Île-de-Sein dévoile ses maisons blanches aux volets bleus. Pour protéger leurs cultures et jardins

Le musée Bigouden à Pont-l'Abbé abrite des collections permanantes et temporaires. Il possède aussi de magnifiques coiffes traditionnelles en dentelle.

fleuris, on a construit des murets de pierre.

L'île est bordée par des plages de galets et de sable. Visible depuis l'extrémité ouest de l'île, le phare d'Ar Men, bâti sur un récif, culmine à plus de 33 m. Il est célèbre pour son caractère isolé qui a rendu sa construction extrêmement difficile, étalée sur une bonne dizaine d'années. Lors de la traversée, il n'est pas rare d'observer des fous de bassan ou des dauphins.

9 Pont-l'Abbé

La capitale du Pays bigouden est surtout connue pour ses coiffes hautes et ses costumes somptueusement brodés.

Pont-l'Abbé conserve un grand patrimoine médiéval avec ses ruelles, ses places de marchés et ses monuments qui témoignent d'une histoire riche et prospère.

Le château de Pont-l'Abbé, qui abrite aujourd'hui la mairie et le musée Bigouden, fut édifié au XIIIe s. par les barons du Pont. Incendié lors de la révolte des Bonnets Rouges en 1675, il fut reconstruit et remanié jusqu'au XVIIIe s. Son donjon (XIIIe s.) est resté intact ainsi que sa tour ovale, qui domine la paisible rivière et l'étang.

Le musée Bigouden abrite une importante collection de coiffes, costumes et mobilier bretons. La coiffe bigoudène, qui peut atteindre jusqu'à 30 cm de haut, constitue le symbole de la région.

Sur la rive droite de l'Odet, l'église Notre-Dame des Carmes (fin XIVe s.) présente un clocher à dôme en ardoises, peu commun en basse Bretagne. À l'intérieur, une verrière du XVe s. avec une rosace aux dimensions imposantes (environ 7 m de diamètre). Le fenestrage (1420–1426) accueille des vitraux de 1852 qui décrivent les saintes écritures.

La rivière de Pont-l'Abbé est un petit paradis pour les promeneurs. Les prés salés de la ria abritent une faune et une flore qui attirent de nombreux oiseaux et poissons.

Musée Bigouden ✉ château des Barons du Pont, Pont-l'Abbé @ www.ville-pontlabbe.fr/musee ⏲ avr.-juin et sept.-oct. mar.-dim. 14h-18h ; juil.-août t.l.j. 10h-18h ℹ temporairement fermé

Le pont de Cornouaille, mis en service en 1972, relie les rives de l'Odet.

À env. 4 km au sud de Pont-l'Abbé, sur la commune de Loctudy, on découvre le manoir de Kerazan (www.kerazan.fr). Il se compose d'une aile du XVIe s. et d'un corps de logis, reconstruit au XVIIIe s. À l'intérieur, les salles et les collections témoignent de l'art de vivre breton au XIXe s. On peut admirer des boiseries Louis XV, des tableaux de peintres bretons et une collection unique de faïences de Quimper, œuvre de l'artiste Alfred Beau (1829-1907). Le vaste domaine planté de futaies cache un jardin potager aménagé de façon médiévale avec ses plantes aromatiques.

10 Bénodet

À l'entrée de l'estuaire de l'Odet, la station balnéaire de Bénodet est particulièrement appréciée pour ses plages.

La ville, un lieu reconnu pour son intérêt géographique, fut l'avant-port commercial de Quimper pendant tout le Moyen Âge. La station balnéaire de Bénodet séduit les estivants par des équipements de première qualité, des plages de sable blond, un casino et de nombreux évènements festifs et culturels.

Du haut des 70 m du pont de Cornouaille qui marque la frontière entre le Pays fouesnantais et le Pays bigouden, on peut admirer un panorama unique sur l'estuaire de l'Odet et le port de plaisance.

Sur la rive droite du fleuve, on distingue le hameau de Sainte-Marine, petit port de pêche réhabilité en station balnéaire, avec sa chapelle (XVe et XVIe s.). Dédiée à saint Mauran, elle présente des sablières (poutres de bois) sculptées de poissons et abrite une statue de la Vierge allaitant l'Enfant Jésus (XVIe s.).

Casino Barrière de Bénodet
✉ 7, corniche de la Plage ☎ 05 61 33 37 77 @ www.casinosbarriere.com/fr/benodet.html 🕘 machines à sous : t.l.j. 9h-4h ; jeux de table : lun.-ven. 20h-4h, sam.-dim. 18h-4h

Chapelle Sainte-Marine
✉ rue du Bac, Sainte-Marine, Combrit ; la chapelle se situe tout près du carrefour avec la rue du Phare

Au cœur de l'Armorique

Moins connu que le littoral, l'intérieur des terres recèle des trésors insoupçonnés et offre un autre visage de la Bretagne, rappelant qu'autrefois la région était entièrement recouverte de forêt.

AU CŒUR DE L'ARMORIQUE

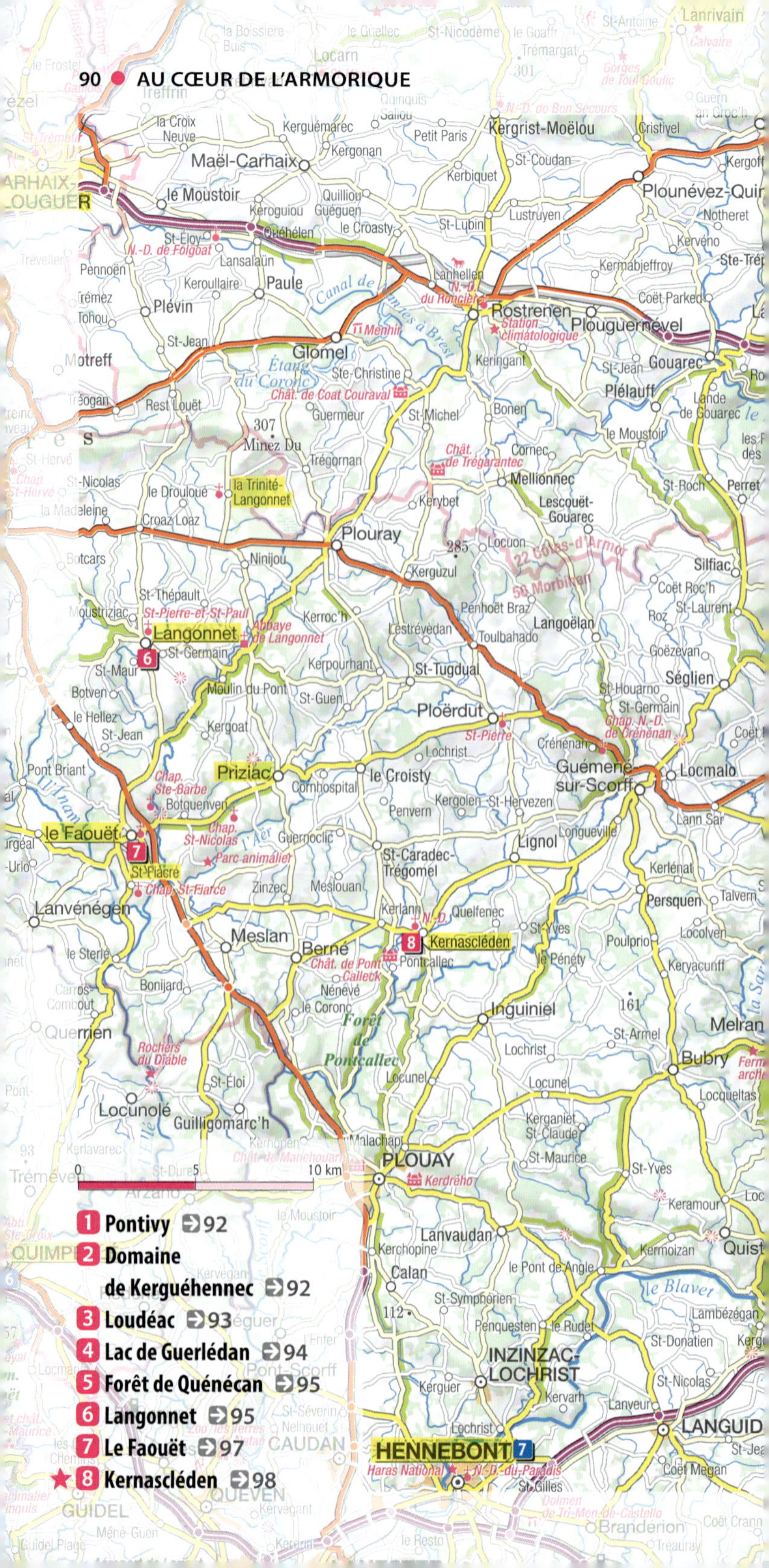

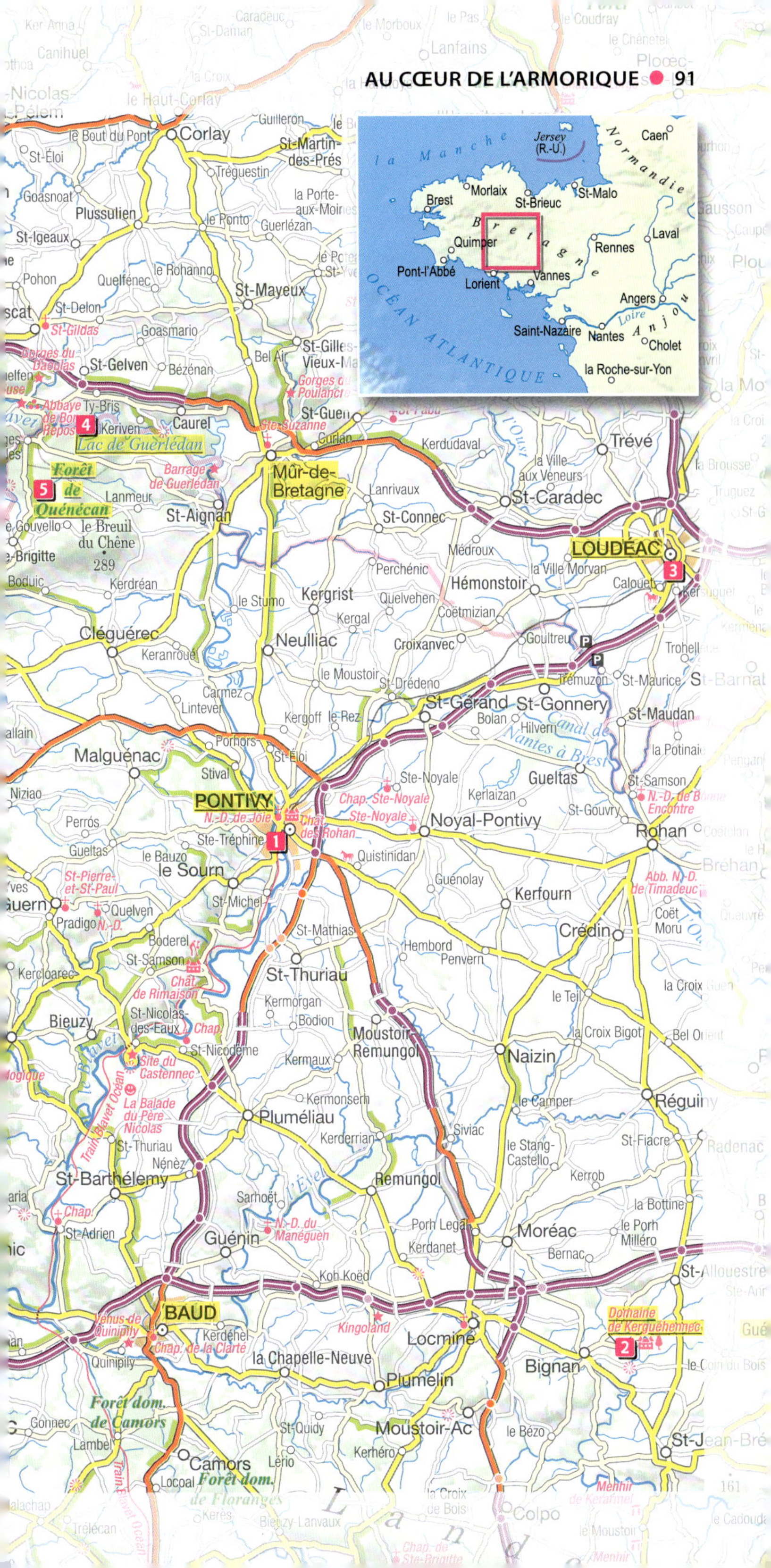
la Manche
Jersey (R.-U.)
Normandie
Caen
Morlaix
Brest
St-Brieuc
St-Malo
Bretagne
Quimper
Rennes
Laval
Pont-l'Abbé
Lorient
Vannes
Angers
Loire
Anjou
Saint-Nazaire
Nantes
Cholet
Océan Atlantique
la Roche-sur-Yon
Corlay
St-Martin-des-Prés
Tréguestin
Plussulien
St-Igeaux
Pohon
Quelfénec
le Rohanno
St-Mayeux
St-Delon
St-Gildas
Goasmario
Gorges du Daoulas
St-Gelven
Bézénan
Bel Air
St-Gilles-Vieux-Marché
Gorges du Poulancre
St-Guen
Abbaye Ty-Bris de Bon Repos
Keriven
Caurel
Ste-Suzanne
Lac de Guerlédan
Forêt de Quénécan
Barrage de Guerlédan
Mûr-de-Bretagne
Kerdudaval
la Ville aux Veneurs
Trévé
Lanmeur
St-Aignan
Lanrivaux
St-Caradec
St-Connec
le Breuil du Chêne
Médroux
LOUDÉAC
Perchénic
Hémonstoir
la Ville Morvan
Boduic
Kerdréan
le Stumo
Kergrist
Quelvehen
Kergal
Coëtmizian
Cléguérec
Neulliac
Croixanvec
Goultreu
Trohelleuc
Keranroué
le Moustoir
St-Drédeno
Trémuzon
St-Maurice
Carmez
Lintever
Kergoff
le Rez
St-Gérand
Bolan
St-Gonnery
Hilvern
St-Maudan
Canal de Nantes à Brest
Porhors
St-Éloi
la Potinaie
Malguénac
Stival
Ste-Noyale
Gueltas
Niziao
PONTIVY
N.-D. de Joie
Chât. des Rohan
Chap. Ste-Noyale
Kerlaizan
St-Samson
N.-D. de Bonne Encontre
St-Gouvry
Perrös
Ste-Tréphine
Noyal-Pontivy
Rohan
Quistinidan
le Bauzo
le Sourn
Abb. N.-D. de Timadeuc
St-Pierre-et-St-Paul
Guénolay
Kerfourn
Guern
St-Michel
Quelven
Pradigo
Coët Moru
Boderel
St-Mathias
Crédin
Hembord
Penvern
St-Samson
Chât. de Rimaison
St-Thuriau
Kercloarec
la Croix
le Teil
Kermorgan
Bodion
Bieuzy
St-Nicolas-des-Eaux
Chap.
Moustoir-Remungol
la Croix Bigot
Bel Orient
St-Nicodème
Site du Castennec
Kermaux
Naizin
La Balade du Père Nicolas
Kermonsen
le Blavet
Train Blavet Océan
Pluméliau
le Camper
Réguiny
Kerderrian
Siviac
St-Thuriau
le Stang-Castello
St-Fiacre
Nénèz
St-Barthélemy
Remungol
Kerrob
Sarhoët
l'Evel
la Bottine
N.-D. du Manéguen
Porh Legal
Moréac
le Porh Milléro
St-Adrien
Guénin
Kerdanet
Bernac
Koh Koëd
St-Allouestre
Domaine de Kerguéhennec
BAUD
Vénus de Quinipily
Kerdéhel
Kingoland
Locminé
Chap. de la Clarté
Quinipily
la Chapelle-Neuve
Bignan
Plumelin
Forêt dom. de Camors
Gonnec
St-Quidy
Moustoir-Ac
le Bézo
St-Jean-Brévelay
Lambel
Kerhéro
Camors
Lério
Locoal
Forêt dom. de Floranges
Menhir de Kerafinel
la Croix de Bois
Colpo
Kerès
Biézy-Lanvaux
le Moustoir
Trélécan
Chap. de Ste-Brigitte
Landes

Impressionnant, le château des Rohan rappelle le passé féodal de Pontivy.

1 Pontivy

La ville s'est beaucoup développée sous l'influence des Rohan, riche famille du duché de Bretagne.

La situation stratégique de Pontivy (au confluent du Blavet et du canal de Nantes à Brest) fut remarquée par Napoléon qui décide d'en faire une ville nouvelle et la baptise Napoléonville. Sont entrepris alors des travaux d'envergure : la canalisation du Blavet, la construction d'un tribunal civil et d'un hôtel de Sous-Préfecture.

Pontivy présente alors un étonnant contraste : aux bâtiments publics construits par l'Empereur et aux rues tracées au cordeau s'opposent les maisons à pans de bois de la vieille ville. À l'angle des rues Lorois et Général de Gaulle, l'hôtel de Roscoët (1578) se distingue par son toit en pavillon à lucarnes et sa tourelle en encorbellement.

Le château médiéval, achevé en 1485 par Jean II de Rohan, est un exemple de l'architecture féodale et militaire. Entourée de profondes fosses, la bâtisse conserve deux massives tours à mâchicoulis. À l'intérieur, la chapelle abrite un retable en bois peint en bleu (XVIIIe s.) et la salle des gardes, d'où on peut admirer le chemin de ronde. La décoration de la chambre ducale (plafond lambrissé, pilastres néoclassiques) est caractéristique du XVIIIe s.

La tour sud-ouest du château accueille une exposition permanente de l'artiste japonais contemporain Koki Watanabe, constituée d'une installation de boules de résine renfermant des objets ramassés sur la côte bretonne (coquillages, algues).

Château des Rohan ✉ 1, rue de Lourmel, Pontivy ☎ 03 88 71 63 95
ℹ visites guidées en juil. et août

2 Domaine de Kerguéhennec

Le parc à l'anglaise de ce vaste domaine fut dessiné par les frères Bühler, paysagistes du parc du Thabor à Rennes.

Au cours de son histoire Kerguéhennec a appartenu à différents propriétaires. En 1972, le domaine

Le domaine de Kerguéhennec est un centre d'art avec un parc à l'anglaise.

est vendu au conseil général du Morbihan, qui y aménage un parc botanique et un étang, et organise le domaine en centre d'art contemporain qui se prête particulièrement à l'exposition en plein air et accueille des sculptures du monde entier, installées en pleine nature. On y découvre entre autres des œuvres de Toni Grand (1935–2005), Giuseppe Penone (1947–), ou Jean-Pierre Raynaud (1939–) dont les *1 000 pots bétonnés peints pour une serre ancienne* (1986) qui présentent les pots de fleurs peints en rouge et remplis de béton, alignés dans une serre. Le domaine de Kerguéhennec présente également des expositions temporaires et permanentes, dont une importante collection de peintures, dessins et estampes de Pierre Tal Coat, artiste d'origine bretonne de la seconde moitié du XXe s. Des visites, des animations nature et des activités artistiques sont également au programme.

Domaine de Kerguéhennec ✉ Bingan
@ www.kerguehennec.fr ℹ entrée au parc libre et gratuite

3 Loudéac

Loudéac est connue pour ses courses de chevaux, inaugurées pour la première fois en 1880.

Le haras, créé en 1862 et antenne de celui de Lamballe, a eu une forte activité jusqu'aux années 1960. L'hippodrome est toujours en fonctionnement et organise encore des courses (trot, plat, obstacles). Depuis 1936, la Fête du Cheval célèbre tous les ans en août la tradition de l'élevage du trait breton. La ville a aussi développé un tourisme vert basé sur la pratique de nombreuses activités de plein air, de la balade au fil de l'eau à la promenade à pied, à cheval, en canoë, ou à VTT. La forêt de Loudéac, plantée de merisiers, pins sylvestre et douglas possède un grand nombre de sentiers et des parcours balisés.

À Saint-Thélo, à env. 12 km au nord-ouest de Loudéac, le musée des Toiles (www.laroutedulin.com), aménagé dans une demeure de marchands du XVIIIe s.,

Entouré de forêts, le lac de Guerlédan est un havre de paix au cœur de la verdure.

raconte l'histoire des toiles de lin de Bretagne, de leur culture à l'empreinte qu'a laissé leur commerce dans l'architecture et le paysage en Centre Bretagne. On y découvre une collection d'objets et des expositions, ainsi qu'une boutique qui propose un large choix de produits en lin (textiles, graines, cosmétiques).

La Bretagne intérieure invite les gourmands avec ses délicieux produits du terroir qui acquièrent un goût particulier grâce à la proximité des bois. Le gibier issu de l'élevage de cerfs et sangliers est à trouver à l'Auberge des cerfs de Kerfulus, Cléguérec.

4 Lac de Guerlédan ★

Cet immense plan d'eau naît suite à la construction du barrage dont la mise en eau a englouti 12 km de la vallée du Blavet.

Ce lac artificiel fut formé en 1930 pour alimenter en électricité la région. Du point de vue administratif, il marque la limite entre le Morbihan et les Côtes d'Armor. La construction du barrage de Guerlédan a englouti des maisons et les écluses faisant partie du canal de Nantes à Brest. Entre 1951 et 1985, le lac était asséché tous les dix ans pour des travaux réguliers de curage, faisant ressurgir la vallée inondée avec les éléments restant du patrimoine originel. La dernière vidange eut lieu en 2015. Au nord-ouest du lac de Guerlédan, les eaux du Daoulas se frayent un chemin dans une vallée étroite, surplombée par d'imposantes falaises. Les gorges sont à admirer surtout depuis les crêtes schisteuses des landes de Liscuis, couvertes de genêts et d'ajoncs fleuris au printemps et en été.

Office de Tourisme de Guerlédan
1 pl. de l'Église, Mûr-de-Bretagne
@ www.guerledan.fr

Au sud des gorges du Daoulas, dans la commune de Saint-Gelven, se trouve l'abbaye cistercienne de Bon-Repos (www.

Le barrage de Guerlédan est situé dans un magifique cadre verdoyant.

bon-repos.com), fondée au XIIe s. Transformée en manufacture de textile en 1791 puis pillée en 1796 par les Chouans, elle tombe en ruines, avant d'être prise en charge par l'association des Compagnons de l'abbaye de Bon-Repos en 1986. Aujourd'hui restaurée, elle accueille des expositions et animations entre mars et octobre ainsi qu'un spectacle son et lumière en été.

5 Forêt de Quénécan

Connue comme « la petite Suisse bretonne », la forêt est le paradis des randonneurs et des amateurs de champignons.

La forêt est jalonnée de sentiers de randonnées (praticables de mars au fin sept.) qui traversent la campagne et sur lesquels on découvre un patrimoine naturel et architectural varié (chapelles, croix de chemins, lavoirs). Niché au nord de l'étang du Fourneau, le hameau des Forges des Salles est l'un des plus anciens sites sidérurgiques de Bretagne (XVIIIe et XIXe s.). Depuis l'arrêt de l'exploitation des mines en 1880, les constructions avec l'école, la cantine et la menuiserie ont été conservées pour présenter au public l'activité d'origine.

Forges des Salles
Perret www.lesforgesdessalles.fr/fr
avr.-sept. : sam.-dim. 14h-18h30, juil.-août : t.l.j. 14h-18h30 7,50 € (entrée gratuite pour les –10 ans)

6 Langonnet

Son remarquable patrimoine architectural est composé de monuments religieux datant pour la plupart de l'époque romane.

La fondation de Langonnet remonte à l'arrivée des Bretons de Grande-Bretagne dans la région (VIe s.) L'endroit, abrité et boisé, avec la rivière Ellé coulant à côté, est ensuite remarqué par le duc de Bretagne Conan III qui y fonde une abbaye cistercienne en 1136.

L'abbaye Notre-Dame présente trois corps de logis fermés par l'église, rassemblés autour du cloître.

Le cloître de l'abbaye Notre-Dame de Langonnet et sa tour sont très caratéristiques. De nos jours, l'abbaye abrite un musée qui recèle de nombreux objets réunis par les missionnaires.

Le clocher sur un plan carré rappelle la vocation primitive et la simplicité que recherchaient les moines cisterciens. De nos jours, l'abbaye abrite un musée d'Art africain avec de nombreux objets réunis par les missionnaires. La salle capitulaire (XIIIe s.) et le cloître sont également accessibles à la visite.

L'église Saint-Pierre-et-Saint-Paul fut refaite au XVIe s. La façade occidentale, surmontée d'un petit clocher, contraste avec la façade sud et son porche coiffé d'écus. À l'intérieur sont à admirer l'intérieur surtout les chapiteaux romans (XIIe s.) surplombant les piliers. Ils se remarquent par leurs motifs géométriques et leurs chevrons celtiques.

L'église de la Trinité-Langonnet (XVIIe s.) se situe à env. 10 km au nord-est de la ville. Elle se remarque par la charpente à motifs Renaissance de sa nef. Une fontaine à dévotion (1702), constituée d'un bassin polygonal entouré d'un muret, est située à 300 m de l'église.

Musée Africain de l'Abbaye Notre-Dame de Langonnet
✉ Langonnet ⌚ mai-sept. : mer.-lun. 14h-18h ; oct.-avr. : sam.-dim. 14h-18h
€ entrée gratuite

Le manoir de Kermain (XVIIe s., env. 2 km à l'est de Langonnet, ouvert toute l'année 9h-12h et 14h-17h) appartenait aux Lopriac, une famille noble de la région. La bâtisse de plan rectangulaire possède une tour circulaire et une chapelle à chevet polygonale, construite en granit, récemment reconstruite (ouverture des fenêtres murées). À l'intérieur, le logis se compose de grandes pièces avec des escaliers à vis en pierre.

7 Le Faouët

Il tire son nom du mot breton « faou » qui signifie hêtre et cache un patrimoine hérité d'une longue histoire seigneuriale.

Les Boutteville, propriétaires de la localité entre XIVe et XVIe s. ont légué à la ville un patrimoine exceptionnel : les halles, la chapelle de Sainte-Barbe et la chapelle Saint-Fiacre.

Situées au centre de la ville, les imposantes halles (53 m de long sur 19 m de large), avec leur vaste toiture d'ardoise qui repose sur une charpente ancienne de chêne et de sapin, abrite deux fois par mois un grand marché de produits du terroir et de l'artisanat.

Construite au nord du bourg, la chapelle Sainte-Barbe surplombe un ravin vertigineux, au bord de la vallée de l'Ellé. De somptueux escaliers ajoutés en 1700 relient la chapelle à la plateforme supérieure.

Au sud de la ville, la chapelle Saint-Fiacre (gothique flamboyant), est surtout célèbre pour son jubé, l'un des plus anciens de Bretagne, réalisé en bois polychrome (1480–1492) par le sculpteur Olivier Le Loergan. La traverse est décorée de nombreuses scènes religieuses. Du côté de la nef le décor montre Adam et Ève chassés du paradis, ainsi que le Christ entouré du bon et du mauvais larron. De côté du chśur on peut voir la représentation de péchés capitaux comme le vol, la luxure ou encore la paresse, et des scènes de la vie quotidienne, comme un paysan avec son mouton. On remarque également dans la chapelle des vitraux et un retable en pierre, qui illustre le martyre de saint Sébastien, patron des archers.

Musée du Faouët ✉ 1, rue de Quimper, Le Faouët @ www.museedufaouet.fr ⌚ avr.-juin, sept.-déb. oct. : mar.-sam. : 10h-12h et 14h-18h, dim. : 14h-18h, juil.-août : t.l.j. 10h-12h et 14h-18h € 5 € (3 €, entrée gratuite pour les –13 ans)

↑ **La chapelle Saint-Fiacre abrite un superbe jubé en bois polychrome.**

Marion du Faouët (née Marie-Louise Tromel), connue comme la « Robin des bois » bretonne, est l'une des rares femmes bandits dont l'histoire se souvient. Arrêtée plusieurs fois et plusieurs fois libérée, elle fut finalement jugée et pendue en 1755 sur la place Saint-Corentin de Quimper.

8 Kernascléden ★

L'église Notre-Dame, surnommée « la chapelle aux mille clochetons », marque l'apogée du gothique flamboyant breton.

La façade en granit de cette église construite au xve s. est ornée de sculptures, de pinacles, de contreforts et de clochetons. À l'intérieur, sur la voûte, se remarque particulièrement la peinture de la Danse macabre (xve s.), une fresque représentant la mort, l'une des rares existant en France. On y voit des individus de toutes classes sociales (empereur, roi, marchand, paysan) emmenés vers l'au-delà par des squelettes. Certains damnés sont jetés dans un chaudron, d'autres dévorés par des démons. D'autres fresques illustrent des scènes de la vie de la Vierge et de celle du Christ. L'église recèle également une curiosité : elle abrite dans son clocher une des plus grandes colonies en France de chauves-souris de l'espèce Rhinolophus ferrumequinum. Juste à côté de l'église se trouve un musée dédié à ce petit mammifère.

Musée de la Chauve-souris
✉ 1, pl. de l'Église, Kernascléden
☎ 02 97 28 26 31
@ www.maisondelachauvesouris.com
🕘 t.l.j. : 14h-17h30 ; juil.-août 14h-18h30, Nuit de la chauve-souris mar. et ven. à 20h30 (sur réservation)
€ 5 € (3 €)

↑ **L'église Notre-Dame marque l'apogée du gothique flamboyant breton.**

Rennes et Marches de Bretagne

Autrefois frontière entre la Bretagne et la France, les Marches de Bretagne ont connu une histoire riche en rebondissements.

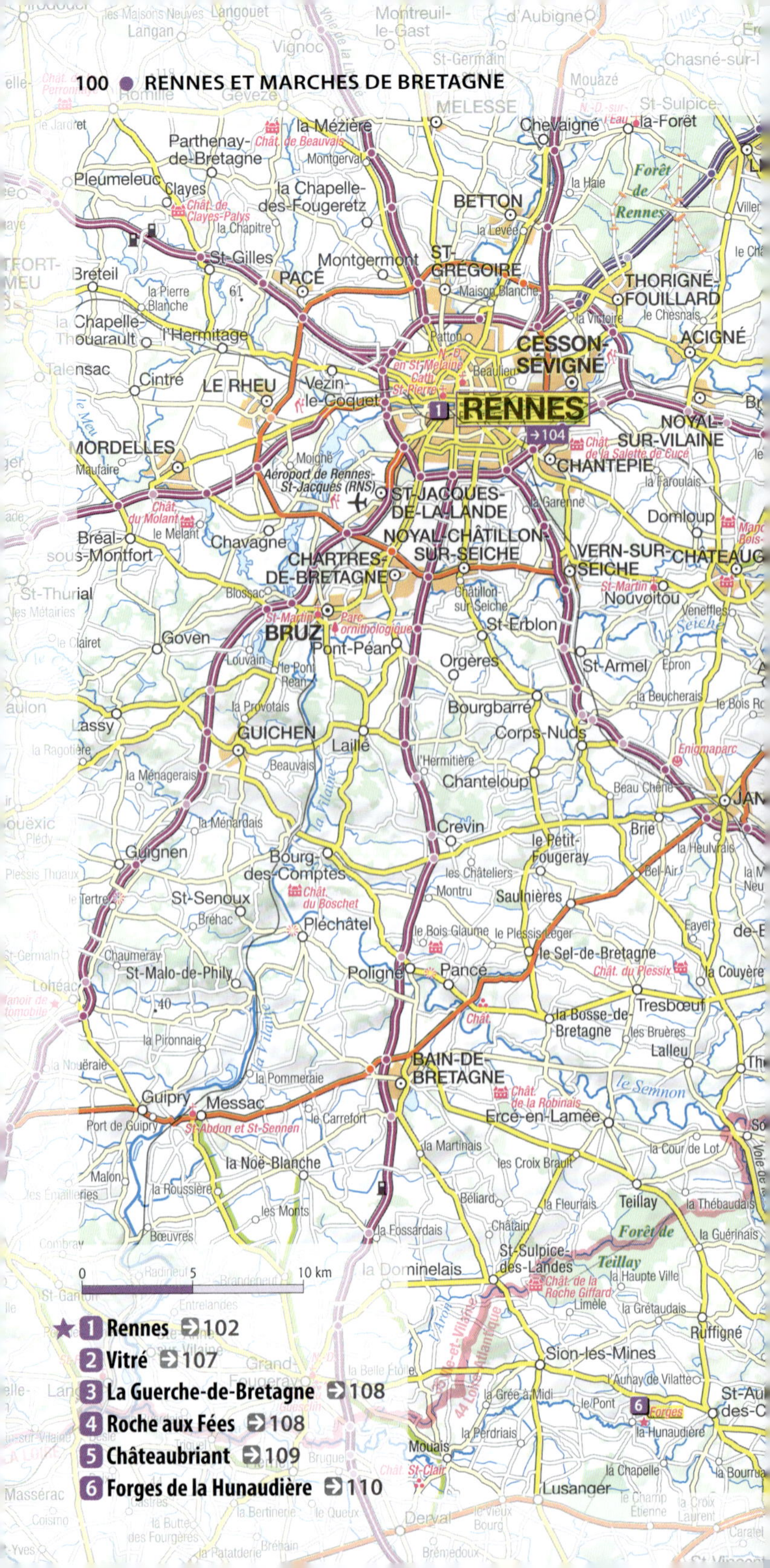
RENNES
CESSON-SÉVIGNÉ
ST-GRÉGOIRE
BETTON
THORIGNÉ-FOUILLARD
ACIGNÉ
NOYAL-SUR-VILAINE
CHANTEPIE
ST-JACQUES-DE-LA-LANDE
NOYAL-CHÂTILLON-SUR-SEICHE
CHARTRES-DE-BRETAGNE
VERN-SUR-SEICHE
BRUZ
GUICHEN
LE RHEU
PACÉ
MORDELLES
MELESSE
BAIN-DE-BRETAGNE
Aéroport de Rennes-St-Jacques (RNS)
Forêt de Rennes
Forêt de Teillay
0
5
10 km

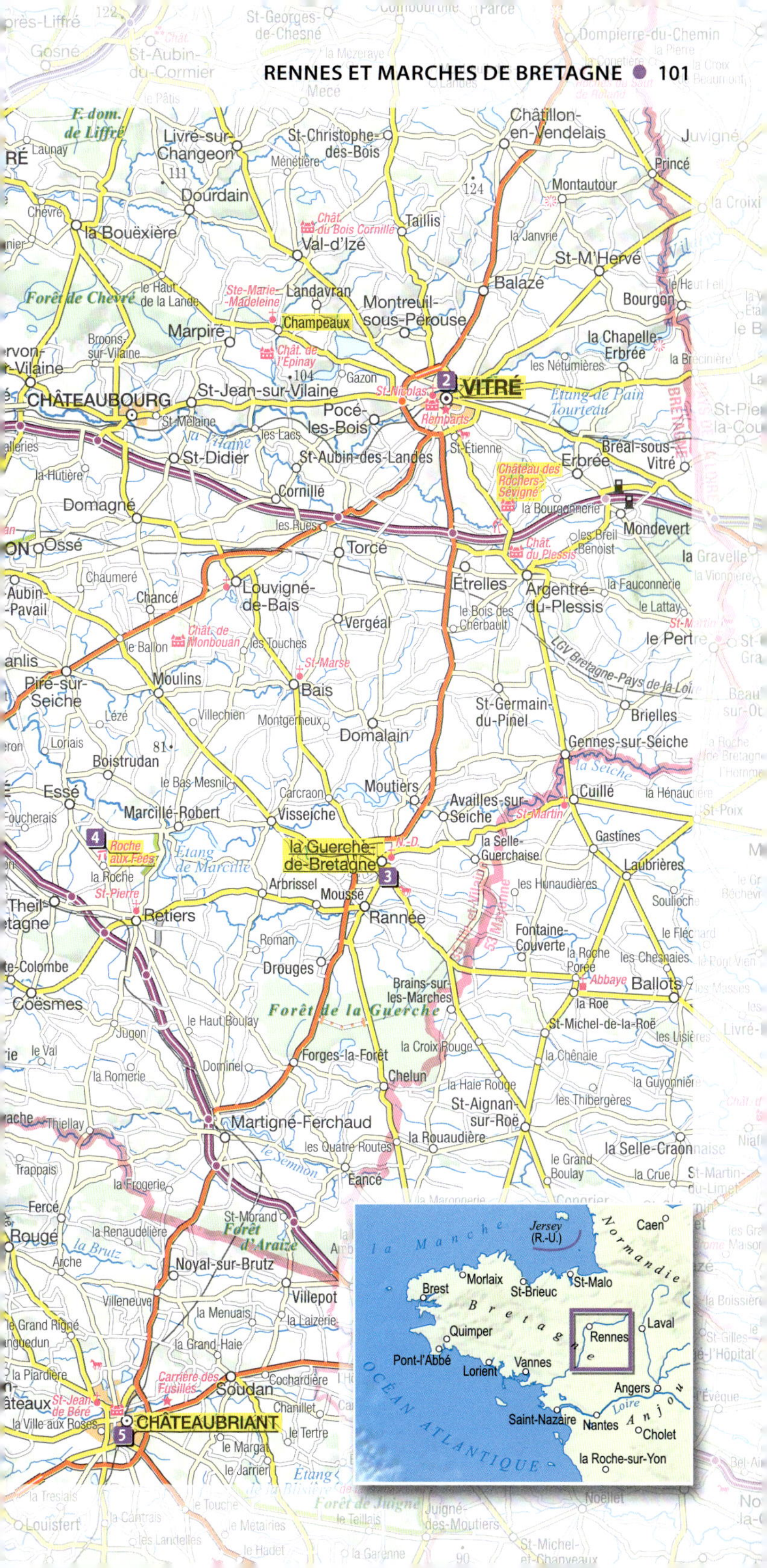

Vitré
Châteaubourg
Châteaubriant
La Guerche-de-Bretagne
Champeaux
Château des Rochers-Sévigné
Châtillon-en-Vendelais
Livré-sur-Changeon
St-Christophe-des-Bois
Dourdain
la Bouëxière
Val-d'Izé
Taillis
Montautour
Juvigné
Princé
Balazé
St-M'Hervé
Bourgon
Landavran
Montreuil-sous-Pérouse
Marpiré
la Chapelle-Erbrée
St-Jean-sur-Vilaine
Pocé-les-Bois
St-Didier
St-Aubin-des-Landes
Erbrée
Bréal-sous-Vitré
Cornillé
Domagné
Torcé
Mondevert
Étrelles
Argentré-du-Plessis
Louvigné-de-Bais
Vergéal
Piré-sur-Seiche
Moulins
Bais
St-Germain-du-Pinel
Brielles
Domalain
Gennes-sur-Seiche
Boistrudan
Essé
Marcillé-Robert
Visseiche
Moutiers
Availles-sur-Seiche
Cuillé
Arbrissel
Mousse
Rannée
Retiers
Laubrières
Drouges
Ballots
Coësmes
Forêt de la Guerche
Forges-la-Forêt
Chelun
St-Michel-de-la-Roë
St-Aignan-sur-Roë
Martigné-Ferchaud
la Selle-Craonnaise
Noyal-sur-Brutz
Villepot
Soudan
Rougé
LGV Bretagne-Pays de la Loire
la Manche
Jersey (R.-U.)
Normandie
Caen
Brest
Morlaix
St-Brieuc
St-Malo
Bretagne
Rennes
Laval
Quimper
Pont-l'Abbé
Lorient
Vannes
Angers
Saint-Nazaire
Nantes
Anjou
Cholet
Loire
la Roche-sur-Yon
Océan Atlantique

Le Parlement de Bretagne fut projeté au XVIIe s. par Salomon de Brosse.

1 Rennes ★

Capitale régionale de la Bretagne, la ville est un grand pôle universitaire, technologique et culturel, célèbre pour son dynamisme et sa créativité.

Chef-lieu des Riedones, une tribu gauloise, Rennes est née au confluent de l'Ille et de la Vilaine et fut autrefois appelé Condate (« confluent » en gaulois).

Ville frontière après la chute de l'empire romain aux VIe et VIIe s., Rennes se retrouve en situation de place forte, entre le royaume des Francs et celui des Armoricains. Elle passe successivement de ville franque à ville bretonne au IXe s. et devient l'un des principaux centres du pouvoir ducal, connaissant une forte croissance aux IXe et XIIe s. Au XIVe s., les Montfort font de Rennes l'une des trois capitales de la Bretagne avec Nantes et Vannes.

Les élégantes façades à colombages (XVe et XVIe s.), les hôtels particuliers (XVIIe et XVIIIe s.) et les ruelles médiévales bordées de cafés et restaurants aux terrasses joliment décorées, font du centre-ville un cadre attirant. Pourtant, le terrible incendie du 23 décembre 1720 fit disparaître, en une semaine, plus de 900 maisons et bâtiments. La ville fut alors reconstruite sous la direction de Jacques Gabriel, selon un plan classique, en rupture avec l'ancienne ville et ses maisons traditionnelles. Néanmoins, dans les secteurs proches du centre-ville subsistent de nombreuses constructions anciennes.

Les marchés du pays de Rennes sont parmi les plus réputés de Bretagne ! Tous les samedis matin, la place des Lices à Rennes s'anime avec le marché des Lices, dont l'existence remonte à 1622. Plus de 300 producteurs locaux et régionaux y sont présents : maraîchers, fromagers, marchands de galettes, boulangers, artisans et fermiers, poissonniers et fleuristes

La voûte du chœur présente la remise des clés à saint Pierre.

aux étals garnis et hauts en couleurs proposent des produits du terroir et des spécialités bretonnes.

Parlement de Bretagne 1a

Créé entre 1618 et 1655 par Salomon de Brosse, l'architecte du palais du Luxembourg à Paris, il servait de cour de justice sous l'Ancien Régime et exerçait également quelques fonctions administratives : la police générale et la tutelle des paroisses. La restauration du palais après l'incendie de 1994 a été exemplaire et la cour d'appel s'y est réinstallée en 1999. Des visites guidées sont proposées toute l'année, qui permettent de découvrir les joyaux du palais : la Salle des Enquêtes et son horloge du XVIIIe s. ou la Grand'Chambre dont le décor exceptionnel a été totalement préservé de l'incendie.

Parlement de Bretagne ✉ pl. du Parlement de Bretagne, Rennes ☎ 33 299 671 166 @ www.tourisme-rennes.com 🕘 réservation par tél. ou en ligne

Cathédrale Saint-Pierre 1b

Classée monument historique depuis 1906, l'église est l'une des neuf cathédrales historiques de Bretagne. En 1754, une pierre se décroche de la voûte en pleine messe : les experts des Bâtiments du Roi décident alors de reconstruire la cathédrale pour éviter qu'elle ne s'effondre totalement. Les travaux de reconstruction s'achèvent en 1845. En plus du blason des rois de France avec l'emblème du Roi-Soleil entre les deux tours de granit de 48 m de haut, cinq blasons ornent la façade. À l'intérieur, le décor fastueux du XIXe s. rompt avec l'austérité de l'architecture néoclassique. À admirer surtout un magnifique retable flamand du XVIe s. en bois doré.

Cathédrale Saint-Pierre ✉ 2, rue Saint-Sauveur, Rennes 🕘 t.l.j. 9h30-18h

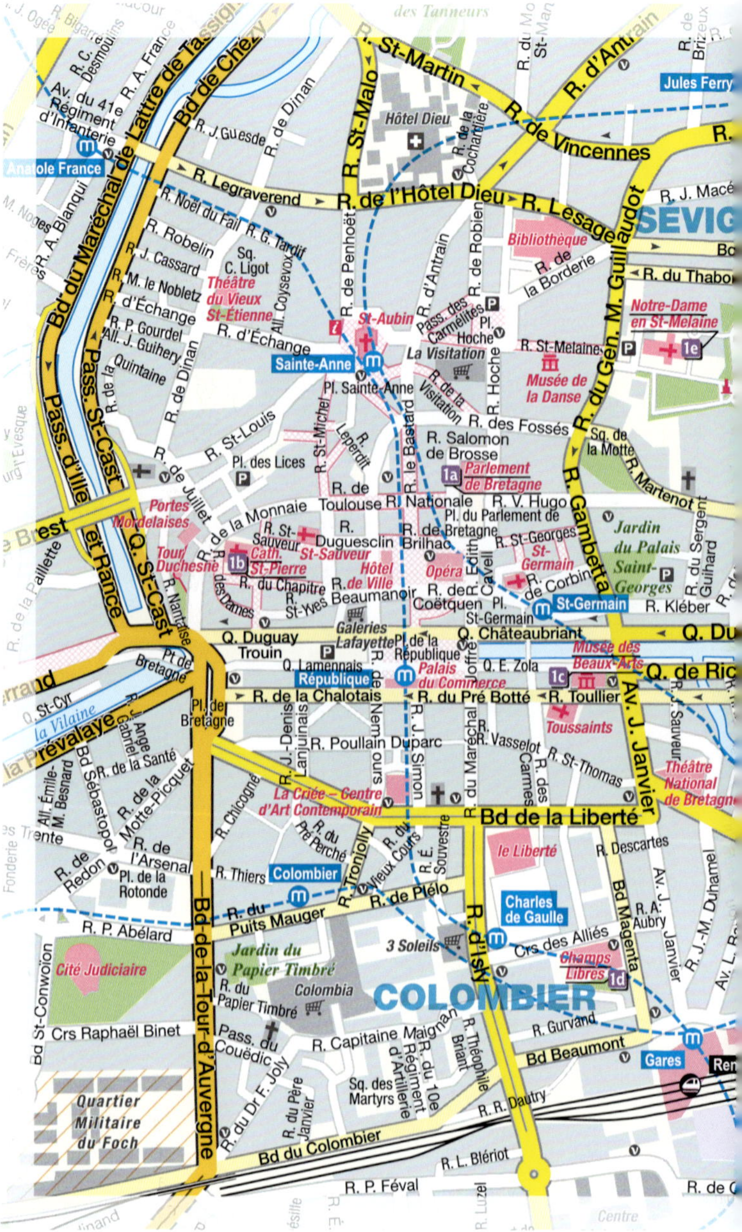

Musée des Beaux-Arts 1c

Le musée fut constitué en 1794 à partir des œuvres saisies dans les églises et bâtiments civils lors de la Révolution. La plus grande richesse de la collection provient du cabinet de Christophe-Paul de Robien (1698–1756), collectionneur d'art et président du Parlement de Bretagne. La saisie rassemblait des œuvres de toutes époques : peintures, antiquités égyptiennes et celtiques, sculptures mais surtout un remarquable ensemble de dessins

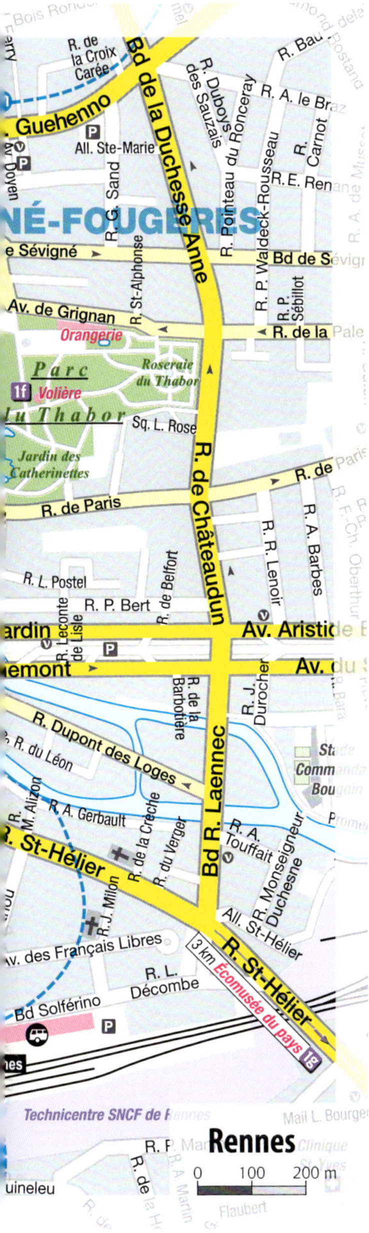

de Léonard de Vinci, Botticelli, Dürer et Rembrandt. Des achats d'œuvres significatives viennent compléter le fonds à vocation encyclopédique.

Musée des Beaux-Arts ✉ 20, quai Emile Zola, Rennes

@ www.mba.rennes.fr ⏲ mar.-dim. 10h-18h € collection permanente : gratuit

Champs Libres 1d

Ouverts depuis 2006, les Champs Libres sont un vaste équipement culturel qui regroupe notamment la bibliothèque de Rennes Métropole (la plus grande de Bretagne), le musée de Bretagne avec son espace dédié à l'affaire Dreyfus, et l'Espace des Sciences, un centre de culture scientifique avec un planétarium numérique nouvelle génération.

Musée de Bretagne
✉ 10, cours des Alliés, Rennes
@ www.musee-bretagne.fr
⏲ été : 13h-19h (sam.-dim. 14h-19h) ; période scol. 12h-19h € entrée gratuite

Église Notre-Dame en Saint-Melaine 1e

Les bases de la tour du clocher et le bâtiment conventuel datent de l'époque romane. L'église primitive bénédictine, construite sur la tombe de saint Melaine, évêque de Rennes, fut plusieurs fois détruite. La façade du clocher fut entièrement refaite en calcaire sculpté en 1676. Le cloître richement décoré date de la même époque. Les chapiteaux et les colonnes de l'ancien cloître du XIe s. ont été déposés au musée de Bretagne. À l'intérieur, une fresque du XVe s. représentant le baptême du Christ est à noter dans le croisillon sud.

Parc du Thabor 1f

À l'origine simple jardin d'agrément des moines de l'abbaye Sainte-Mélaine, le splendide parc du Thabor, réaménagé par les frères Bühler au XIXe s., mêle un jardin à la française, celui à l'anglaise, un jardin botanique et une roseraie. Cette dernière,

Le musée des Beaux-Arts de Rennes abrite, entre autres, *Une messe en mer* de Louis Duveau.

qui compte plus de 900 variétés différentes, est régulièrement renouvelée. Le parc paysager est agrémenté de nombreuses espèces d'arbres, soulignant le goût pour l'exotisme des frères Bühler : on y trouve des séquoias, cèdre du Liban, tulipier de Virginie, chêne-liège, magnolias, ginkgos biloba, ou encore sapin d'Algérie.

Créé en 1996, Mythos est un festival des arts de la parole avec spectacles de théâtre, lecture de conte et poésie chantée qui se déroule au parc du Thabor à Rennes la 3e semaine d'avril.

Écomusée du pays de Rennes 1g

Dans l'écomusée la vie et l'architecture rurales sont mises en valeur. Dans le parc, plus de 30 espèces cultivées sont présentées et le verger conservatoire rassemble plus de 100 variétés de pommes. On peut également découvrir des animaux d'élevage issus de races anciennes (oie de Brière, cheval breton, mouton d'Ouessant). Régulièrement au programme on trouve des expositions montrant les rapports entre l'homme et son territoire et des activités comme la tonte des moutons, la récolte du miel et la confection du cidre au pressoir avec les pommes du verger.

Écomusée du pays de Rennes
ferme de la Bintinais, route de Châtillon-sur-Seiche
@ www.ecomusee-rennes-metropole.fr
avr.-sept. : mar.-ven. 9h-18h, sam. 14h-18h, dim. 14h-19h ; oct.-mars : mar.-ven. 9h-12h et 14h-18h, sam.14h-18h, dim.14h-19h € 4 € (2 €)

Le Festival du Schmoul est une fête de musique alternative et festive, aux influences pop, rock ou world, qui se déroule à Bain-de-Bretagne (env. 34 km au sud de Rennes) le dernier week-end de janvier.

Un simple coup d'œil suffit pour identifier la fonction du château de Vitré.

2 Vitré

L'importance et la richesse de Vitré venaient du commerce des toiles de chanvre. La ville a conservé intact son aspect d'il y a 500 ans.

Parmi les splendides demeures à pans de bois bâties par les riches commerçants de toiles de chanvre on trouve la maison de l'Isle, au 12, rue de la Poterie. Située au croisement de deux rues, elle se distingue par son architecture et ses encorbellements sur plusieurs niveaux. Rue d'En-Bas, on remarque l'hôtel du Bol d'Or (1513), avec son escalier à vis.

L'imposant château, construit au XIe s. et successivement remanié, s'élève sur un promontoire rocheux dominant la Vilaine. Il accueille de nos jours un musée qui présente l'histoire de Vitré. La forteresse rappelle la position stratégique de la ville située aux Marches est de Bretagne. L'entrée est fortifiée et défendue par un pont-levis. À visiter surtout le donjon ou tour Saint-Laurent (début du XVe s.) et le châtelet, flanqué de ses deux tours à mâchicoulis.

Château de Vitré

✉ pl. du Château, Vitré 🕘 avr.-juin, sept. : t.l.j. 10h-12h30 et 14h-17h30 ; oct.-déc. et fév.-mars : mer.-lun.10h-12h30 et 14h-17h30, nov.-fév. : mer.-lun. 10h-12h30 et 14h-17h (fermé sam.-dim. mat., fermé en jan.) € 6€ (4€, entrée gratuite pour les –18 ans)

Emblématiques de la fin du XVe jusqu'au début du XVIIe s., les canevas de Vitré sont des toiles de chanvre servant pour la voilure des bateaux et l'emballage des marchandises. Elles furent concurrencées par toiles « noyales », fabriquées dans les environs de Noyal-sur-Vilaine. Les unes comme les autres servent essentiellement à la fabrication de toiles à voile, dans les ports français, anglais, espagnols, mais surtout hollandais.

Qui saura dévoiler le mystère de la Roche aux Fées ?

3 La Guerche-de-Bretagne

Cette accueillante bourgade est animée chaque mardi matin par le marché qui remonte au XIIe s.

Comme les autres cités fortifiées des Marches de Bretagne, La Guerche s'organisait autour de son château, érigé au XIe s. pour défendre la province. Plusieurs fois pillé, il fut finalement détruit en 1739.

Les maisons à porches et à pans de bois, situées place Charles De Gaulle, rue du Cheval et rue de Nantes, témoignent de la prospérité de la ville au XVIIe s., due avant tout à l'agriculture et au commerce des toiles de chanvre. L'église collégiale, aujourd'hui basilique Notre-Dame de La Guerche-de-Bretagne, était un ancien édifice roman du XIe s. dont subsiste la base de la tour-clocher, au sud-est de l'église. La nef, ornée de sablières, a été reconstruite au XVIe s. Le bas-côté nord et le clocher datent du XIXe s. L'église abrite des stalles Renaissance ornées de sculptures représentant les péchés capitaux.

Le marché de La Guerche, organisé le mardi matin, est une véritable institution qui remonte à 1121. Aujourd'hui c'est l'un des plus importants marchés d'Ille-et-Vilaine : plus de 180 commerçants s'y retrouvent pour vendre alimentation, fleurs et habillement.

4 Roche aux Fées

Constituée d'une quarantaine de blocs de schiste rouge de plusieurs tonnes, cette allée couverte est pleine de mystère.

Ce monument mégalithique dont l'origine remonte à la fin du néolithique (5 000–4 000 av. J.-C.) mesure près de 20 m de long, près de 6 m de large et 4 m de haut.

La Roche aux Fées doit son caractère exceptionnel au portique d'entrée monumental et à son emplacement au sommet d'une crête. Les pierres proviennent de la forêt du Theil de Bretagne, se trouvant à plus de 4 km au sud. Encore aujourd'hui, on ne sait pas expliquer comment elles ont pu être déplacées. Fait curieux, tous les ans, lors du solstice d'hiver, le site est le théâtre d'un événement magique : les premiers rayons du soleil se lèvent en pénétrant proprement dans l'alignement du mégalithe.

Comment a-t-on pu assembler les blocsde la Roche aux Fées ? De nombreuses hypothèses ont été avancées. L'utilisation de rondins de bois reste la plus plausible, mais elle est loin d'être satisfaisante car à l'époque de la construction, l'outillage était très rudimentaire. Une autre hypothèse renvoie à une légende selon laquelle les fées, pour prouver leur existence aux hommes, auraient construit le monument en une nuit en transportant les pierres dans leurs tabliers.

5 Châteaubriant

À la fois rural et industriel, le pays occupe une position stratégique au carrefour de Nantes, Angers et Rennes.

Même si, du point de vue administratif, la ville se trouve déjà dans les Pays de la Loire, son rattachement historique à la Bretagne reste bien visible.

Dominant la vallée de la Chère, le château se compose de deux parties : la forteresse médiévale, dont il reste le donjon et une partie de l'enceinte, et la partie Renaissance avec palais et galeries à colonnades de schiste. Le château fut d'abord une

Les reconstructions historiques déplacent les spectateurs dans le temps.

place forte qui dut résister à de nombreuses attaques, notamment celles des armées françaises au XVe s. Le donjon, aux murs de plus de 3,5 m d'épaisseur, est rattaché au châtelet et à la chapelle par les remparts. Le châtelet (XIIIe s.) comme la chapelle et le mur d'enceinte, est flanqué de deux tours de 25 m de haut. À la Renaissance, une nouvelle partie du château est construite : d'élégants pavillons entourent les deux logis, reliés par un escalier rampe sur rampe.

La vieille ville abrite de nombreuses maisons à colombages, des encorbellements, des manoirs et des hôtels particuliers. À noter l'hôtel de la Houssaye (XVIIIe s.) au 29, Grande Rue, ou la « Maison de l'ange » située au 24, rue Coueré, qui tire son nom d'un ange sculpté dans un des chevrons de la façade.

Au fil des siècles, le paysage du pays de Châteaubriant a évolué : les forêts et les marécages, suite à des

La visite de Chateaubriant permet de revivre le passé splendide et coloré de la ville.

travaux de défrichement et d'assèchement, ont fait place à des terres plus fertiles, propices à l'agriculture et à l'élevage.

Château départemental de Châteaubriant 44, pl. du Général de Gaulle @ grand-patrimoine.loire-atlantique.fr/jcms/navigation/sites/chateau-de-chateaubriant-fr-eja_77026 accueil-boutique : jan. fermé, fév., mars, avr. : mer.-dim. 14h-17h30, mai-sept. : mar.- dim. 10h30-18h, oct. mer.-dim. 14h-17h30, nov.-déc. sam.-dim. 14h-17h30 ; jardins : jan.-avr. : t.l.j. 7h30-18h, mai-sept. : t.l.j. 7h30-20h, oct.-déc. : t.l.j. 7h30-18h € entrée gratuite au château et au jardin ; visites découvertes 3 € (2 €, entrée gratuite pour les –18 ans et personnes en situation de handicap)

Pièce de viande de bœuf d'environ 300 g taillée dans le filet, le châteaubriant est épais d'env. 2 à 4 cm. Son gout est dû principalement au mode de cuisson : la viande est grillée à vif sur les deux faces. Le nom viendrait de la recette de la « Grillade de bœuf à la Chateaubriand », inventée par Montmireil, le cuisinier de François-René de Chateaubriand. Selon une autre hypothèse, la recette se référerait à la ville de Châteaubriant, réputée depuis le XIXe s. et encore aujourd'hui pour être un haut lieu d'élevage bovin.

6 Forges de la Hunaudière

Le XVIIIe s. voit se développer l'une des régions les plus industrielles d'Europe, avec la présence de nombreuses forges.

Elles laissent derrière elles un étonnant patrimoine dont les Forges de la Hunaudière avec leur étang sont un exemple. Cet ancien site métallurgique est aujourd'hui un agréable lieu de promenade, dans un cadre ombragé et verdoyant. Un atelier fonderie est proposé au public tous les mardis après-midi.

Forges de la Hunaudière
accès par la D34 depuis Châteaubriant en direction de Sion-les-Mines
@ www.lesforgesdelahunaudiere.fr
mai-nov. : mar. 14h45-17h30 € 4 € (2 € les –16 ans, entrée gratuite pour les –6 ans)

Informations pratiques

La Bretagne, qui chaque année connaît un très grand nombre de visites, est particulièrement bien adaptée aux exigences des touristes.

La création de l'actuel drapeau breton, Gwen ha Du, remonte aux années 1920.

Comment y aller ?

En avion

Les principaux aéroports en Bretagne sud sont ceux de Nantes, Quimper et Lorient. N'oublions pas non plus l'aéroport de Rennes, un nœud touristique très important. L'aéroport de Nantes Atlantique est desservi par des navettes (9 €) qui assurent la liaison avec le centre-ville. L'aéroport Quimper Cornouaille est lié au centre-ville par la ligne de bus 25. Pour se rendre à l'aéroport de Lorient, il convient d'y aller en taxi ou en voiture, car la ville ne propose pas de service de navette. L'aéroport de Rennes est situé à Saint-Jacques de la Lande à 7 km au sud de Rennes. La ligne de bus C6 (1,50 €), qui circule quotidiennement, permet de rejoindre la ville en 20 min.

Pour plus d'informations, visiter : www.nantes.aeroport.fr, www.quimper.aeroport.bzh, www.lorient.aeroport.fr, www.rennes.aeroport.fr.

En train

Grâce aux liaisons directes par TGV, Paris n'est qu'à 2h20 de Nantes et 3h10 de Vannes. Les principales villes de Bretagne sud sont bien desservies aussi au départ de grandes villes de province. Il faut compter 4h pour Nantes-Bordeaux, 2h40 pour Paris-Redon, 5h pour Lille-Vannes.

En bus

Le bus est généralement un moyen pratique et économique pour voyager. La société Eurolines (www.eurolines.fr) propose des voyages en bus vers la Bretagne au départ de Paris vers toutes les villes principales pour environ 30 € aller-retour. On peut également se rendre à Nantes ou Rennes au départ de plusieurs villes de province (Bayonne, Tours,

Le réseau routier en Bretagne est dense et bien entretenu.

Bordeaux, Dijon, coût approximatif 30-70 € l'aller-retour).

En voiture

Depuis Paris, on arrive directement à Nantes par l'autoroute Océane (A 11) ou à Rennes par l'A 81 (à emprunter depuis Le Mans), la N 157 reliant l'ancienne et l'actuelle capitale de la région. Si l'on désire poursuivre jusqu'à la partie occidentale de la Bretagne, on peut prendre la N 165 qui mène à Brest de Nantes. Pour arriver à cette dernière depuis Bordeaux, on suit l'A 10, puis l'A 83 à partir de Niort.

Se déplacer dans la région

En voiture

Les visiteurs disposant de leur propre moyen de transport apprécieront : la région est extrêmement bien pourvue en voies de communication. En Bretagne il n'y a pas d'autoroutes, mais on y trouve des quatre-voies (limitées à 110 km/h), qui sont par ailleurs excellentes.

La N 165 forme un axe principal qui dessert toutes les grandes villes de Bretagne sud (Nantes, Vannes, Lorient, Quimper). À partir de Montauban-de-Bretagne il est possible de rejoindre la N 164 qui coupe la péninsule en longueur, passant par Loudéac, Mûr-de-Bretagne, Carhaix-Plouguer et Pleyben. De nombreuses petites routes bien entretenues permettent de flâner dans la campagne bretonne. Presque tous les sites touristiques sont accessibles en voiture et disposent d'un parking visiteur. En ville, le stationnement est payant la plupart du temps mais il est généralement facile de se garer.

En train

Les villes de Bretagne sud sont bien reliées entre elles grâce au réseau TER (Transport Express Régional).

À Rennes on peut se déplacer en métro.

Une ligne quotidienne relie Nantes à Quimper (2h30 de trajet). Il faut compter 1h20 pour aller de Nantes à Vannes. Quimper est à 1h10 de Vannes et à 45 min de Lorient.

Plus d'informations sur : www.sncf-connect.com.

Transports publics

Les grandes villes sont équipées de services de bus, métro ou tramway, qui assurent les déplacements intra-muros ainsi qu'en périphérie. Les villes comme Vannes, Lorient, Saint-Nazaire ou Quimper, disposent d'un réseau de bus avec des lignes régulières.

Le site MobiBreizh (www.mobibreizh.bzh) facilite les déplacements des visiteurs en Bretagne via les transports publics (car, bus, avion, bateau, métro, tramway, vélo), en proposant des correspondances adaptées grâce au calculateur d'itinéraire. Ce site tient également les visiteurs informés de l'accessibilité des sites pour les personnes handicapées et des perturbations prévues.

Tan : réseau de transport en commun de l'agglomération nantaise, www.tan.fr ; Kicéo : réseau de bus de Vannes agglomération, www.kiceo.fr ; CTRL : réseau de transports en commun de Lorient, www.ctrl.fr ; Quimper Bus, www.qub.fr ; STAR : service de bus et métro de Rennes Métropole, www.star.fr.

Transport fluvial

La Bretagne dispose d'un formidable réseau fluvial avec ses canaux et ses chemins de halage. Le canal de Nantes à Brest, la Vilaine : en tout ce sont plus de 600 km de canaux et rivières sur lesquels il est possible de naviguer. Pour les découvrir de façon originale, rien de tel qu'une balade au fil de l'eau en canoë-kayak, en bateau sans permis, et même en péniche. Le passage des écluses, des ponts et des villages environnants rythmera la promenade.

Les idylliques recoins bretons sont parfaits à parcourir à vélo.

À pied

Le GR34, appelé aussi « sentier des douaniers », part de Vitré en Ille-et-Vilaine et longe presque toute la côte bretonne depuis le Mont Saint-Michel jusqu'au Tour-du-Parc, à proximité du golfe du Morbihan.

À cheval

Les centres équestres proposent des week-ends, de courts séjours ou des promenades à l'heure ou la journée pour les adultes et les enfants. Généralement, il est possible d'aller à cheval presque partout où l'on peut randonner à pied. Un itinéraire équestre régional proposé par le Comité Régional de Tourisme Équestre de Bretagne, l'Équibreizh, permet de faire le tour de la Bretagne en passant par les hauts lieux du tourisme breton. Deux diagonales ont été retenues : d'est en ouest – de Paimpont aux Montagne Noires et du nord au sud – de Saint-Brieuc à Josselin.

Plus d'informations sur : bretagne-equitation.fr, crte-bretagne.ffe.com.

Où dormir ?

Les types d'hébergement en Bretagne sont nombreux et il y en a pour tous les goûts. On trouve des hôtels et des maisons d'hôtes dans presque toutes les villes et tous les villages, pour un budget moyen de 50€ à 75€. Dans les stations balnéaires, on trouve de nombreuses locations de vacances (appartements, villas avec vue sur mer, campings, maisons d'hôtes ou hôtels en bord de mer). Les campings sont classés de 1 à 5 étoiles. Ils offrent différentes prestations selon le niveau de confort : location de mobil-home ou caravane, piscine, lac, restaurant et bar, aires de jeux, terrains de sport, minigolf, etc. Il y a aussi l'hébergement rural avec les réseaux Bienvenue à la Ferme, Accueil Paysan et Gîtes de France, pour des vacances au cœur de la campagne bretonne.

La région se prête à tous les budgets.

Plus de renseignements sur : accueil-paysan-bretagne.com, www.abritel.fr, www.gites-de-france.com.

Budget

Le budget à consacrer aux vacances peut varier selon le type d'hébergement (camping, hôtel, location de vacances), les sorties et restaurants et le transport (aller et retour). Dans les crêperies, on peut généralement bien se restaurer quel que soit notre budget. Les tarifs pour un plateau de fruits de mer pour deux personnes (sur place ou à emporter) sont variables (entre 40 € et 120 € selon la rareté des produits). Les visites d'églises ou d'édifices religieux sont gratuites. Pour la visite des musées et des châteaux, il y a souvent des réductions enfants et étudiants.

Manger :
Budget économique : 8-12 €
Budget moyen : 12-24 €
Budget supérieur : à partir de 25 €

Dormir :
Budget économique : 12-35 €
Budget moyen : 36-60 €
Budget supérieur : à partir de 60 €

Offices de Tourisme

Les Offices de Tourisme de Bretagne accueillent les visiteurs dans presque toutes les villes et leur offrent des informations sur mesure. Ils sont généralement ouverts du matin au soir et proposent une grande variété de services : documentation touristique, réservation d'hébergements, visites et billetterie.

Pour en savoir plus, visiter : www.tourismebretagne.com, www.quimper-tourisme.bzh, www.lorientbretagne-sudtourisme.fr, www.golfedumorbihan.bzh, www.nantes-tourisme.com

Plages et activités nautiques

La côte sud de la Bretagne sud offre de superbes plages sauvages et préservées, propices à de nombreuses activités. Les amateurs de surf, kitesurf, planche à voile, kayak de mer ou catamaran trouveront leur bonheur p. ex. sur les plages d'Erdeven et de Fort-Bloqué, connues pour être des haut-lieux du surf en France. Dans le golfe du Morbihan, les petites plages abritées et la douceur du climat sont propices à la baignade, au farniente et aux balades tranquilles. On peut aussi y pratiquer la plongée et observer une faune et une flore sous-marine riches et variées.

Urgences et numéros importants

Secours médicaux, SAMU : 15
Police et gendarmerie : 17
Pompiers et secours : 18
Appel d'urgence européen : 112
Centre National Relais pour les personnes sourdes ou malentendantes : 114

Parmi les spécialiés régionales bretonnes on trouve de savoureuses galettes.

Renseignements : 118
SAMU Social - SOS Sans Abri : 115
SOS Médecins Nantes : 02 40 50 30 30
Centre hospitalier Hôtel-Dieu de Nantes : 02 40 08 33 33

Personnes handicapées

Pour rendre les lieux de séjour et les sites touristiques accessibles aux personnes handicapées et les aider à préparer au mieux leurs vacances en Bretagne, le Comité Régional du Tourisme de Bretagne a créé le site Internet www.handi-tourismebretagne.com. On y trouve la liste des hébergements, des restaurants et des offices de tourisme labellisés Tourisme & Handicap, mais aussi des offres de séjours entièrement adaptés, des idées d'activités et de promenade accessibles aux personnes handicapées ainsi que les coordonnées des structures pouvant leur être utiles durant leur séjour en Bretagne.

Pour plus de renseignements, visiter : www.handi-tourismebretagne.com

Suggestions pour les achats

De nombreuses épiceries ou pâtisseries locales proposent des friandises et sucreries typiques de la région : miels de Bretagne, caramels au beurre salé, crêpes artisanales, far aux pruneaux, quatre-quarts breton ou encore kouign amann. Côté boissons, on pourra rapporter du chouchen, des bières bretonnes artisanales (il existe plus d'une dizaine de brasseries) et du cidre fermier. Les délicieuses spécialités de la mer ou de la terre font également le régal des papilles : sardines et conserves de thon ou de foie de lotte, rillettes de Saint-Jacques ou de tourteaux, algues du Finistère ou andouille de Guémené. Dans les boutiques de vêtements ou de souvenirs en bord de mer, on pourra trouver des pulls marins, des cirés jaunes et des vareuses traditionnelles, mais aussi des bijoux celtiques en forme de triskell. On peut aussi penser à rapporter divers objets pour décorer son intérieur : instruments de navigation, drapeau breton ou coquillages.

L

M

N

O

P

Q

R

S

T

U

V

Édition originale élaborée à partir du texte de Marjolaine Petit pour le guide *Bretagne 3en1*. Les abréviations issues du texte original sont l'œuvre de la rédaction.

Rédaction et correction de l'édition originale : Elżbieta Wszeborowska, Anna Nowakowska

Relecture-correction : relu-et-corrige.com

Élaboration des cartes : Hubert Mroczkiewicz, Katarzyna Stalęga, Marcin Górny, Tomasz Figurski, Wojciech Kowalski

Rédaction et réalisation éditoriale des cartes : Agnieszka Adamiak, Marcin Szymczak

Crédit photographique :
Flickr.com/Xavier E Traité[2] (p. 1 en haut à g.), 123RF/David Hughes (p. 1 en haut au centre, 59 à d.), Fotolia.com/Alexi Tauzin (p. 1 en haut à d., 84), Wikimedia/Pethrus[4] (p. 1 en bas à g., 41 en haut), Flickr.com/macchi[2] (p. 1 en bas au centre, 56 en à g.), Wikimedia/Père Igor[4] (p. 1 en bas à d., 73 à d.), Istockphoto.com/saintho (p. 2 à g., 77 en bas, 85 à g.), 123RF/Elena Elisseeva (p. 2 au centre, 56 à d., 58 à d.), Wikimedia/Renegade[1] (p. 2 à d.), Istockphoto.com/debraydavid (p. 3 à g., 41 en bas), Shutterstock.com/Alexander Demyanenko (p. 3 au centre, 60), Wikimedia/Édouard Hue[4] (p. 3 à d., 44 en bas, 46 en bas, 49, 50, 74), Shutterstock.com/Claudio Giovanni Colombo (p. 4–5), Fotolia.com/synto (p. 6–7), Istockphoto.com/maxhomand (p. 8–9, 58 à g.), Dreamstime.com/Philippehalle (p. 10–11), Dreamstime.com/Iclicuclic(p. 12–13), Shutterstock.com/csp (p. 15 en haut), Wikimedia/Selbymay[4] (p. 15 en bas, 27, 30), Fotolia.com/nool (p. 18 à g.), Istockphoto.com/marcduf (p. 18 à d.), Fotolia.com/Thomas Pajot (p. 22), Wikimedia/Ludovic Toinel[4] (p. 19), Wikimedia/Jean-Pierre Dalbéra[5] (p. 23 à g.), Wikimedia/Clément Beckert[4] (p. 23 à d.), Wikimedia/Groume[2] (p. 24 en haut), Flickr.com/Eusebius@Commons[5] (p. 24 en bas), Dreamstime.com/Gunold Brunbauer (p. 25), Wikimedia/Julien Gazeau[4] (p. 26), Wikimedia/Stephanemartin[4] (p. 28), Fotolia.com/photlook (p. 29), Istockphoto.com/Musat (p. 31 en haut), Wikimedia/Sigoise[4] (p. 31 en bas), Wikimedia/Trondheim Havn[2] (p. 34), Flickr.com/Arlenz CHEN[7] (p. 34–35), Fotolia.com/laurely (p. 36), Fotolia.com/DreanA (p. 37), Fotolia.com/xlatlantique (p. 38), Fotolia.com/Philippe Devanne (p. 38–39, 64 à g.), Wikimedia/Andreas[3] (p. 40), Istockphoto.com/ermine (p. 44 en haut), Wikimedia/Centre de l'Imaginaire Arthurien[4] (p. 45 en haut), Fotolia.com/jeanphilippe delisle (p. 45 en bas), Wikimedia/Pierre Le Baud[1] (p. 46 en haut), Wikimedia/Missterry82[4] (p. 47), Wikimedia/Nitot[4] (p. 48), 123RF.com/Yulia Remezova (p. 51 en haut), Istockphoto.com/Smithore (p. 51 en bas), Tomasz Sapeta (p. 54 à g.), Flickr/Philippe Teuwen[2] (p. 54 à d.), Flickr/Nicolas Hrycenko[5] (p. 57 à g.), Wikimedia/D4m1en[4] (p. 57 à d.), 123RF.com/captblack76 (p. 59 à g.), Wikimedia/Remi Jouan[4] (p. 61), Fotolia.com/lamax (p. 62), Wikimedia/Myrabella[4] (p. 63), Michał Kucharski (p. 64 à d.), Shutterstock.com/Crobard (p. 65 en haut), Istockphoto.com/Smithore (p. 65 en bas), Istockphoto.com/Mazerand (p. 68), Istockphoto.com/PJPhoto69 (p. 69), Wikimedia/Moonik[4] (p. 70), Wikimedia/[1] (p. 71 en haut, 82 en bas), Wikimedia/Gugerell[4] (p. 71 en bas), Wikimedia/GO69[4] (p. 72 à g., 98 en bas), Shutterstock.com/art_of_sun (p. 72 à d.), Dreamstime.com/Musat Christian (p. 73 à g.), Wikimedia/Jack Mamelet[4] (p. 76), Wikimedia/Renegade[1] (p. 77 en haut, 86), istockphoto/Franck Caillet (p. 80 à g.), Wikimedia/Thesupermat[4] (p. 80 à d.), Wikimedia/Moreau.henri[4] (p. 82 en haut), Wikimedia/Odenel[4] (p. 83), 123RF.com/danymages (p. 85 à d.), Wikimedia/Romain Cormier[4] (p. 87 à g.), Wikimedia/XIIIfromTOKYO[4] (p. 87 à d.), Fotolia.com/Christian Musat (p. 88), Shutterstock.com/Evgeny Shmulev (p. 89 en haut), Wikimedia/Avel-Breizh[4] (p. 89 en bas), Fotolia.com/PHB.cz (p. 92), Wikimedia/Koinzel[4] (p. 93), Fotolia.com/yves dewulf (p. 94), Wikimedia/Centrebretagne[4] (p. 95 à g.), Wikimedia/Allot rené[4] (p. 95 à d.), Wikimedia/LPLT[4] (p. 96), Wikimedia/Manfred Escherig[4] (p. 97 en haut), Wikimedia/G. Bourrel – Free Art License (p. 97 en bas), Flickr/Hans A Rosbach[2] (p. 98 en haut), Wikimedia/Lanzonnet[4] (p. 98 au centre), Shutterstock.com/PRILL (p. 99 en haut), Shutterstock.com/esinel (p. 99 en bas), Fotolia.com/jerome DELAHAYE (p. 102), Wikimedia/Thomas Bresson[6] (p. 103), Wikimedia/[1] (p.106), 123RF.com/Pere Sanz (p. 107), Wikimedia/Raphael Eiselstein[4] (p. 108), Wikimedia/Nico&Co[4] (p. 109 à g.), 123RF.com/Jane Rix (p. 110 à d.), Wikimedia/khrawlings[5] (p. 111 en haut), Dreamstime.com/Saintho (p. 111 en bas), 123RF.com/christianp (p. 112), 123RF.com/Elena Elisseeva (p. 113), Fotolia.com/Cécile Haupas (p. 114), 123RF.com/Valery Voennyy (p. 115), Wikimedia/Avij[1] (p. 116), Shutterstock.com/TGTGTG (p. 117)

[1] domaine public
[2] Lic. : CC BY-SA 2.0, http ://creativecommons.org/licenses/by-sa/2.0/deed.fr
[3] Lic. : CC BY-SA 2.5, http ://creativecommons.org/licenses/by-sa/2.5/deed.fr
[4] Lic. : CC BY-SA 3.0, http ://creativecommons.org/licenses/by-sa/3.0/deed.fr
[5] Lic. : CC BY 2.0, http ://creativecommons.org/licenses/by/2.0/deed.fr
[6] Lic. : CC BY 3.0, http ://creativecommons.org/licenses/by/3.0/deed.fr
[7] Lic. : CC BY-ND 2.0, http ://creativecommons.org/licenses/by-nd/2.0/deed.fr

Graphisme et PAO : Justyna Wiśniewska

Conception de la couverture : ouvrage collectif

Dessins : Aleksandra Kus, Justyna Wiśniewska

© Copyright ExpressMap
expressmap.fr

Avis aux lecteurs
Malgré le soin que notre équipe de rédaction a apporté à la réalisation et à la vérification du contenu du guide, celui-ci n'est pas à l'abri d'une erreur. Cela concerne notamment les informations pratiques, sujettes à de fréquents changements, qui doivent être considérées à titre indicatif – surtout durant la période de pandémie de Covid-19 et/ou durant l'état d'urgence sanitaire. Veuillez vous informer sur la possibilité de visite de tous les sites/attractions/logements/magasins etc. décrits dans le guide auprès des entités qui en sont responsables et suivez les conseils et les contraintes des autorités sur les gestes barrières. N'hésitez pas à nous faire part de vos remarques et opinions sur : info@expressmap.fr.